만화로 배우는 박문각 공인중개사

2025 전면개정판

- 16테마 만화
- 빈출 핵심용어
- 핵심 기출문제

1차 부동산학개론

글 손은환·강지운 그림 김영란

쉽게! 빠르게! 재미있게!

머리말

갈수록 수험 준비가 만만치 않아지는 공인중개사 시험입니다. 법률이나 정경 계열 전공자들에게도 그럴진대 비전공자는 어떨 것이며 아예 수험 공부를 해 본 적이 없는 분이나 오랫동안 공부를 손에서 놓았던 분들에게는 그 벽이 얼마나 높게 느껴질까요? 이럴 때 친구처럼 편하게 어려운 부분을 설명해 줄 수 있는 사람이 곁에 있으면 얼마나 좋을까 생각이 들 때도 있을 것입니다.

도움의 손길이 필요한 분들에게 힘이 되었으면 좋겠다는 마음으로 준비한 책입니다. 친구 같은 선생님이 일대일로 설명해 주듯 친절하고 재미있는 책인 동시에 학문적으로도 손색이 없도록 하였습니다.

모든 시험이 그렇듯 공인중개사 시험 역시 기본 개념과 내용을 충실히 이해한 바탕 위에 기출문제를 분석하고 익히다 보면 커트라인을 훌쩍 넘길 수 있습니다. 최근의 추세인 응용 문제도 철저한 기본기를 바탕으로 풀어야 합니다.

만화로 배우는
박문각 공인중개사
1차 부동산학개론

기본을 탄탄히 다지는 공부를 위해 만화의 장점을 적극 활용했습니다. 기본 개념들은 한눈에 알아 볼 수 있게 도식화하고 관련 내용들도 상황 구성을 통해 구체적이고 생생하게 다가올 수 있도록 했습니다. 중요 내용은 핵심 다잡기를 통해 다시 한 번 텍스트로 요약·정리하고 참고에는 심화 내용을 실었습니다. 관련된 기출문제는 물론 자주 출제되는 용어도 함께 수록했습니다.

이 책에는 공중개와 한미진이라는 남녀 캐릭터가 등장해 여러분과 함께 가게 됩니다. 독자 여러분 또는 여러분 주위의 누군가와 비슷할지도 모르겠습니다. 중개와 미진이 밀고 당기며 대화하는 것을 즐겁게 읽어 내려가다 보면 수험 공부를 하면서 생겼던 의문들이 절로 풀려 갈 것입니다. 아직 조금은 미진한 수험생인 미진이 중개라는 멘토를 통해 온전하게 성장해 가는 과정에서 여러분의 실력도 함께 늘어갈 것임을 믿어 마지않습니다. 여러분의 수험 생활에 행운을 빕니다.

충일재 작업실에서
손은환·강지운 드림

가이드

1 만화로 더 재미있게!

부동산학 이론에 대한
이해를 돕기 위해
만화로 재미있게
구성하였습니다.

2 참고로 더 풍부하게!

더 알아야 할 내용을 **참고**와 **핵심 다잡기**로 구성하여 배경지식을 넓힐 수 있도록 하였습니다.

가이드

3 핵심용어로 더 쉽게!

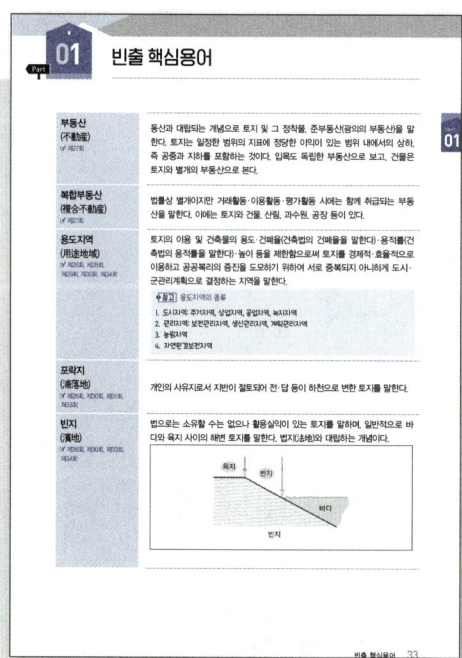

부동산 용어 중
자주 나오는 핵심용어들만
이해하기 쉽도록
표로 정리하였습니다.

4 기출문제로 더 확실하게!

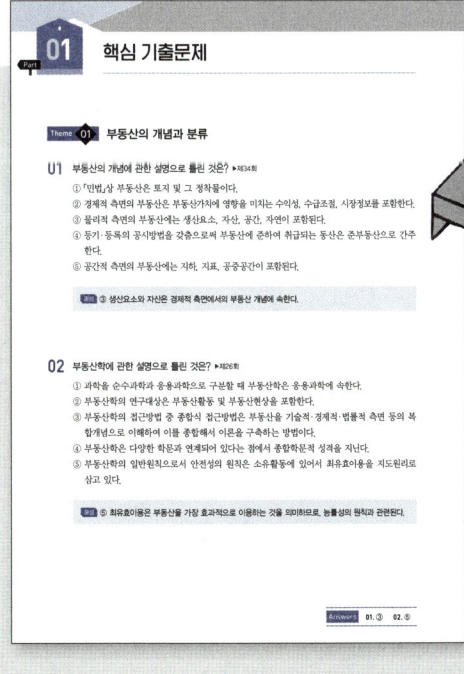

만화로 배운 내용을
기출문제를 풀면서
다시 한 번 점검할 수 있도록
구성하였습니다.

차례

Part 01
부동산학 총론

Theme 01 부동산의 개념과 분류 — 12
Theme 02 부동산의 특성 — 23

+ 빈출 핵심용어 — 33
+ 핵심 기출문제 — 36

Part 02
부동산학 각론

Theme 01 부동산수요·공급이론 — 48
Theme 02 부동산경기변동이론 — 57
Theme 03 부동산시장이론 — 63
Theme 04 부동산정책론 — 66
Theme 05 부동산투자론 — 89
Theme 06 부동산금융론 — 110
Theme 07 부동산이용 및 관리론 — 127
Theme 08 부동산개발론 — 137
Theme 09 부동산입지론 — 146

+ 빈출 핵심용어 — 153
+ 핵심 기출문제 — 168

Part 03
감정평가론

Theme 01 감정평가의 기초이론 — 266
Theme 02 부동산가격이론 — 270
Theme 03 지역분석 및 개별분석 — 278
Theme 04 감정평가의 3방식 — 281
Theme 05 부동산공시제도 — 291

+ 빈출 핵심용어 — 296
+ 핵심 기출문제 — 302

만화로 배우는 박문각 공인중개사

1차 부동산학개론

Part 01

부동산학 총론

Theme 01 부동산의 개념과 분류
Theme 02 부동산의 특성

+ 빈출 핵심용어
+ 핵심 기출문제

부동산의 개념과 분류

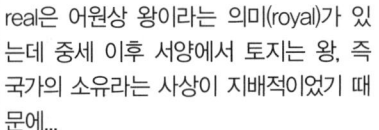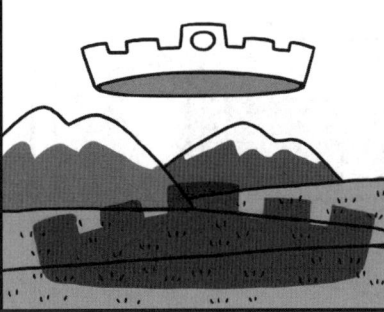

핵심 다잡기	복합개념의 부동산	

기술적 측면 (물리적·자연적)	유형적 측면	공간, 자연, 환경, 위치, 지세, 지반, 설계, 구조 등
경제적 측면 (부동산의 가치)	무형적 측면	자산(자본), 생산요소, 상품, 소비재
법률적 측면 (부동산의 권리)		협의의 부동산: 토지와 그 정착물(민법상 부동산) 광의의 부동산: 협의의 부동산 + 준부동산

Theme 01 부동산의 개념과 분류

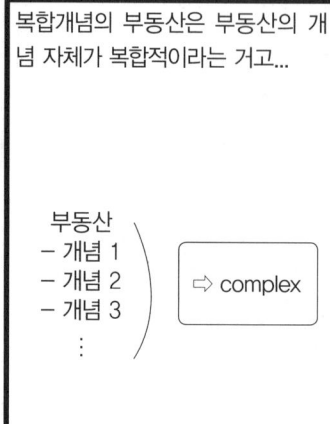

지목	부호	지목	부호	지목	부호	지목	부호
전	전	대	대	철도용지	철	공원	공
답	답	공장용지	장	제방	제	체육용지	체
과수원	과	학교용지	학	하천	천	유원지	원
목장용지	목	주차장	차	구거	구	종교용지	종
임야	임	주유소용지	주	유지	유	사적지	사
광천지	광	창고용지	창	양어장	양	묘지	묘
염전	염	도로	도	수도용지	수	잡종지	잡

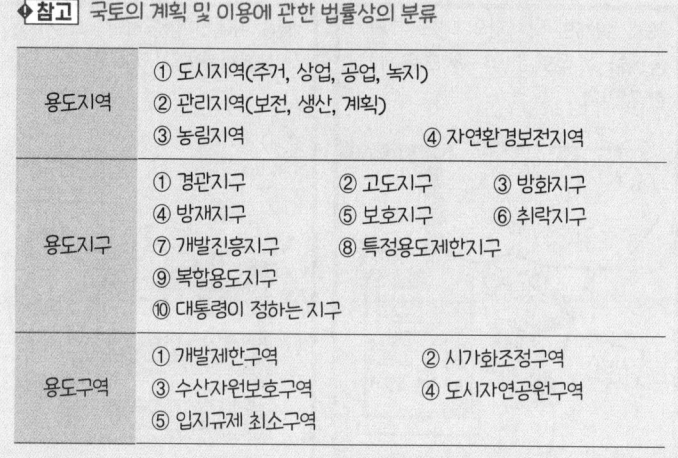

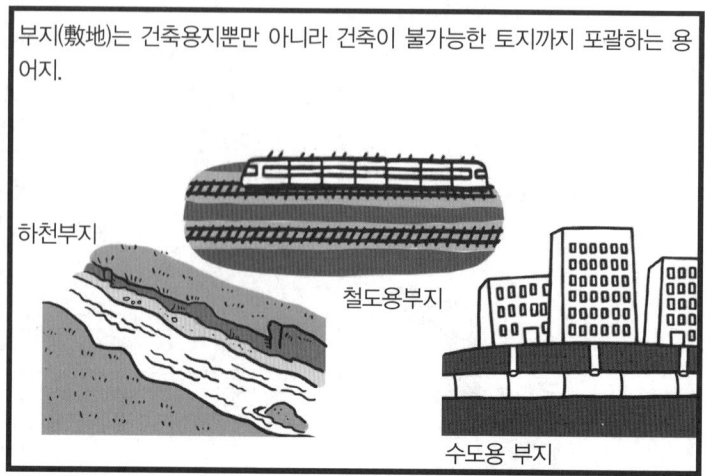

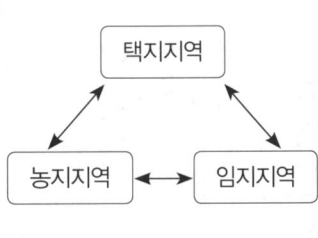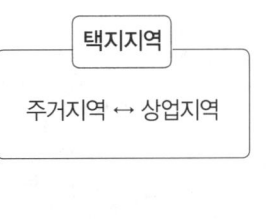

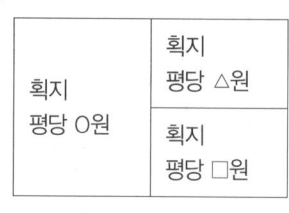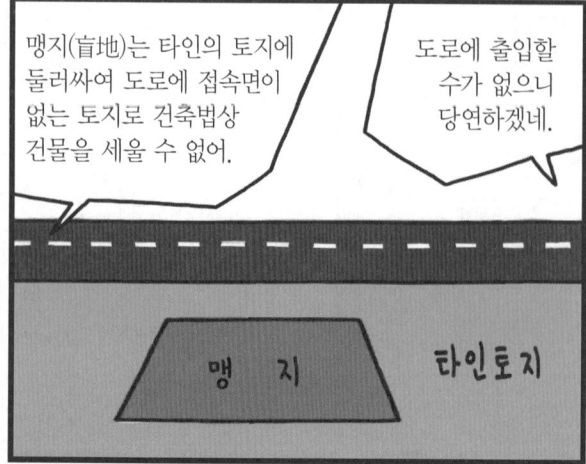

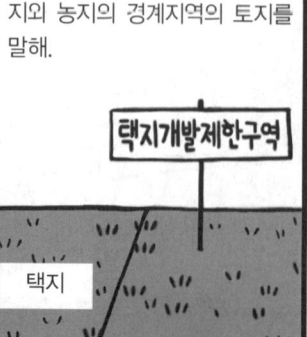

부동산의 특성

```
                        ┌ 자연적 특성 ─┬ ① 부동성
                        │             ├ ② 영속성
                        │             ├ ③ 부증성
                        │             ├ ④ 개별성
                        │             └ ⑤ 인접성
                        │
             토지의 특성 ┼ 인문적 특성 ─┬ ① 용도의 다양성
                        │             ├ ② 병합·분할가능성
                        │             ├ ③ 위치의 가변성
                        │             ├ ④ 국토성
                        │             └ ⑤ 지역성
                        │
                        └ 경제적 특성 ─┬ ① 희소성
                                      ├ ② 투자의 고정성
                                      ├ ③ 개량물에 의한 효용의 가변성
                                      ├ ④ 위치의 선호성
                                      └ ⑤ 고가성

             건물의 특성 ─┬ ① 이동가능성
                        ├ ② 비영속성
                        ├ ③ 생산가능성
                        └ ④ 동질성
```

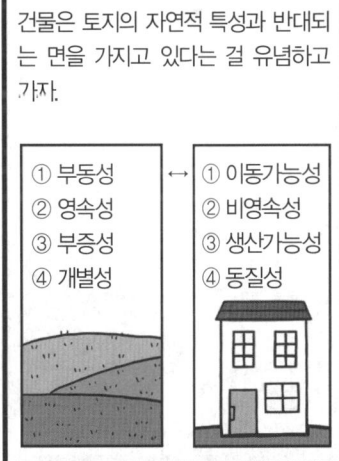

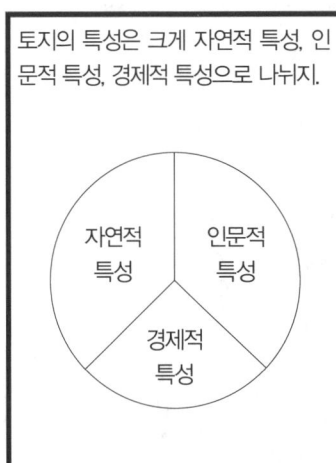

참고 물리적 공급과 경제적 공급

구분	물리적 공급	경제적 공급
공급	불가능	가능
토지특성	부증성(자연적 특성)	용도의 다양성(인문적 특성)
공급곡선	수직(완전비탄력적)	우상향(보다 탄력적)
특징	예외 없음.	후보지, 이행지, 수면매립, 택지조성 (용도전환, 창조적 이용)

Theme 02 부동산의 특성

핵심 다잡기   토지의 자연적 특성과 파생 특징

부동성	① 부동산과 동산의 구별 ② 국지화, 세분화, 부분시장화 ③ 임장, 정보, 중개활동 ④ 지역분석 ⑤ 불완전경쟁시장화 ⑥ 담보가치로서의 안전성
영속성	① 물리적 감가상각 적용 불가 ② 재생산이론 적용 배제 ③ 임대차시장 발달 ④ 가치보존력 우수(인플레이션 헷지) ⑤ 원가법 불가, 직접법 근거
부증성	① 생산비 법칙 적용 불가 ② 사회적 공공성(토지공개념) ③ 물리적 공급곡선 수직 ④ 토지희소성 야기(지가상승)
개별성	① 일물일가의 법칙 배제 ② 표준지선정곤란 ③ 개별화, 구체화, 독점화 ④ 개별분석
인접성	① 협동적 이용, 경계문제 ② 개발이익 사회적 환수 ③ 외부효과, 지역분석

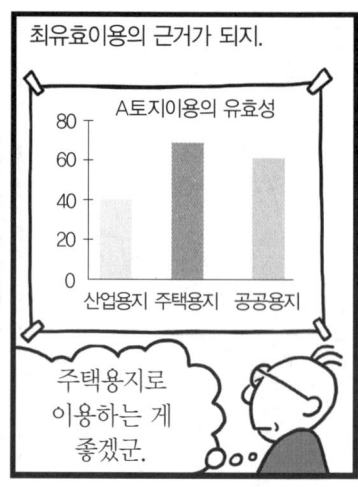

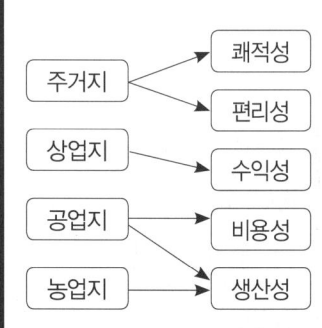

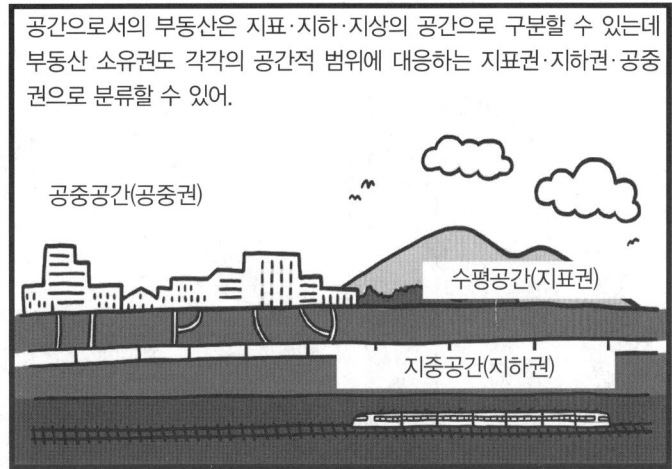

핵심 다잡기	토지 소유권이 미치는 정당한 이익의 범위
소유권이 미치는 범위	소유권이 미치지 않는 범위
① 토지로부터 독립성이 없는 부착물	① 토지로부터 독립성이 있는 부착물
② 사적공중권(일조권, 조망권)	② 공적공중권(항공권, 전파권)
③ 사적지하권 – 지하수	③ 공적지하권 – 미채굴광물
④ 한계심도 이내 – 보상 ○	④ 한계심도 아래 – 보상 ×

Theme 02 부동산의 특성

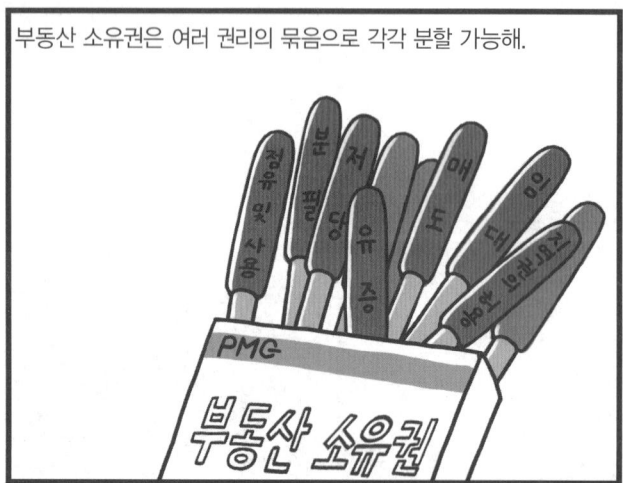

01 빈출 핵심용어

| 부동산
(不動産)
☑ 제27회 | 동산과 대립되는 개념으로 토지 및 그 정착물, 준부동산(광의의 부동산)을 말한다. 토지는 일정한 범위의 지표에 정당한 이익이 있는 범위 내에서의 상하, 즉 공중과 지하를 포함하는 것이다. 입목도 독립한 부동산으로 보고, 건물은 토지와 별개의 부동산으로 본다. |

복합부동산
(複合不動産)
☑ 제27회

법률상 별개이지만 거래활동·이용활동·평가활동 시에는 함께 취급되는 부동산을 말한다. 이에는 토지와 건물, 산림, 과수원, 공장 등이 있다.

용도지역
(用途地域)
☑ 제26회, 제28회, 제29회, 제30회, 제34회

토지의 이용 및 건축물의 용도·건폐율(건축법의 건폐율을 말한다)·용적률(건축법의 용적률을 말한다)·높이 등을 제한함으로써 토지를 경제적·효율적으로 이용하고 공공복리의 증진을 도모하기 위하여 서로 중복되지 아니하게 도시·군관리계획으로 결정하는 지역을 말한다.

> **참고** 용도지역의 종류
> 1. 도시지역: 주거지역, 상업지역, 공업지역, 녹지지역
> 2. 관리지역: 보전관리지역, 생산관리지역, 계획관리지역
> 3. 농림지역
> 4. 자연환경보전지역

포락지
(浦落地)
☑ 제26회, 제30회, 제31회, 제33회

개인의 사유지로서 지반이 절토되어 전·답 등이 하천으로 변한 토지를 말한다.

빈지
(濱地)
☑ 제28회, 제30회, 제33회, 제34회

법으로는 소유할 수는 없으나 활용실익이 있는 토지를 말하며, 일반적으로 바다와 육지 사이의 해변 토지를 말한다. 법지(法地)와 대립하는 개념이다.

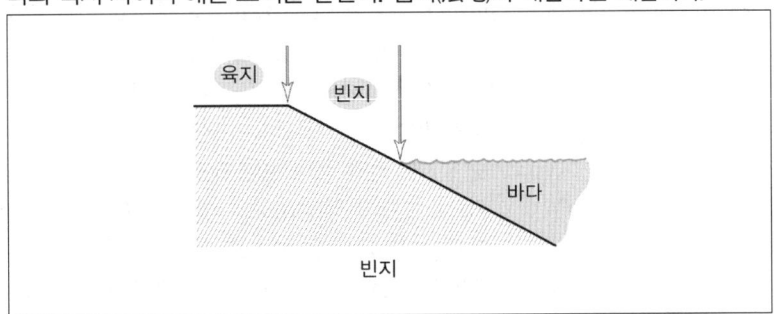

법지 (法地) 제34회	법으로만 소유할 뿐 활용실익이 거의 없는 토지로서 측량면적에는 포함되나 실제 사용할 수 없는 면적을 말한다. 예 도로나 택지의 붕괴를 막기 위하여 경사를 이루어 놓은 토지 부분 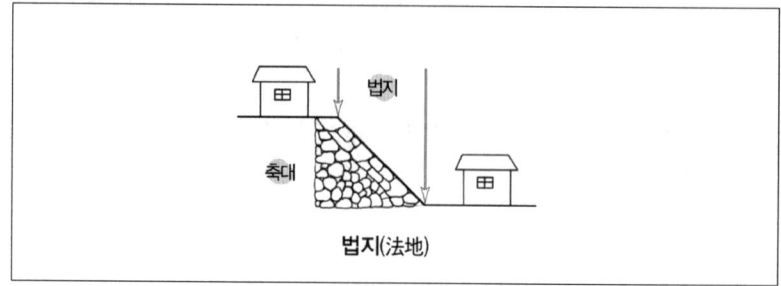
맹지 (盲地) 제28회	주위가 모두 타인의 토지에 둘러싸여 도로에 어떤 접속면도 가지지 못하는 토지를 말하며, 「건축법」상 건축허가의 대상이 되지 아니한다.
환지 (換地) 제28회, 제31회~제33회	본래의 의미는 토지를 맞바꾸는 것 또는 그 맞바꾼 토지로서, 도시개발사업 시행 전의 토지의 위치·지목·면적·토질·수리·이용상황·환경 기타의 사항을 고려하여 사업시행 후 소유자에게 재분배하는 토지 또는 그 행위를 지칭한다.
체비지 (替費地)	도시개발사업을 환지방식으로 시행하는 경우, 시행자가 사업의 시행에 필요한 경비에 충당하거나 규약·정관·시행규정 등에 정하는 목적을 위하여 환지계획에서 일정한 토지를 환지로 정하지 않고 남겨둔 토지를 말한다. 체비지는 집단적 또는 대단위로 한 곳에 편중되어 정할 수 없고 감보율에 의하여 그 면적이 확보된다.
건부지 (建附地) 제25회	건물이나 구축물 등의 용도에 제공되고 있는 부지로서 지상물에 의하여 사용·수익이 제한된 토지를 말한다. ① 건부감가(建附減價): 어느 부지에 건물이 있고 그 부지의 사용을 현재보다 나은 방법으로 이용하려 할 경우, 부지에 건물 등이 존재하기 때문에 나타나는 부지에 대한 제약분(制約分)을 부지가격에서 감액하는 것을 말한다. 일반적으로 건물면적에 비해서 부지면적이 크면 클수록 부지에 대한 제약은 적고, 지상건물이 견고할수록 크다. ② 건부증가(建附增價): 토지상에 건물 등이 있음으로 인하여 부지의 유용성이 증가되는 경우를 말한다. 예를 들어, 개발제한구역 내의 건부지의 경우에는 건부지가 나지보다 가격이 높다.

필지 (筆地) ☑ 제35회	지적제도상 용어로서 토지소유자의 권리를 구분하기 위한 표시로서 하나의 지번이 붙는 토지의 등록단위를 말한다. 즉, 필지는 토지의 면적단위를 말하며 법률상 단위개념이다. **참고** 필지와 획지의 관계 1. 필지와 획지가 같은 경우 예 1필지가 1획지가 되는 경우 2. 하나의 필지가 여러 개의 획지가 되는 경우 예 필지가 크거나 획지가 작은 경우 3. 여러 개의 필지가 하나의 획지를 이루는 경우 예 획지가 큰 경우
부동성 (不動性) ☑ 제26회, 제28회, 제31회, 제32회, 제35회	부동산의 자연적 특성 중 하나로서, 토지의 위치는 인위적으로 이동하거나 지배하지 못한다는 특성을 말한다. 이는 토지의 가장 큰 특성이며, 모든 부동산활동은 부동성을 전제로 한다.
부증성 (不增性) ☑ 제26회, 제28회, 제29회, 제31회, 제35회	부동산의 자연적 특성 중 하나로서, 생산비나 노동을 투입하여 토지의 물리적 양을 임의로 증가시킬 수 없다는 특성을 말한다. 부증성은 부동산문제의 가장 근본적인 원인으로 토지이용의 사회성·공공성이 요청되고 토지공개념의 도입 및 확대가 요구되고 있다.
영속성 (永續性) ☑ 제26회~제28회, 제30회, 제35회	부동산특성 중 자연적 특성의 하나로, 토지는 사용이나 시간의 흐름에 의해서 소모 또는 마멸되지 않는다는 특성이다. 유용성의 측면에서는 변화할 수 있으므로 양면성을 가지고 있다.
부동산문제 (不動産問題)	부동산과 인간의 관계악화의 제 문제를 말한다. 즉, 토지의 부증성으로 인한 지가상승, 부동산투기, 국토이용의 문란, 환경의 파괴, 주택공급의 문제, 부동산 거래질서의 문제 등을 말한다. 부동산문제는 대상별로 토지문제, 주택문제, 국토이용의 비효율 문제, 거래질서의 문란문제로 부각된다. 부동산문제의 특징은 악화성향, 비가역성, 지속성, 해결수단의 다양성, 복합성 등이다.

핵심 기출문제

 부동산의 개념과 분류

01 부동산의 개념에 관한 설명으로 틀린 것은? ▶제34회

① 「민법」상 부동산은 토지 및 그 정착물이다.
② 경제적 측면의 부동산은 부동산가치에 영향을 미치는 수익성, 수급조절, 시장정보를 포함한다.
③ 물리적 측면의 부동산에는 생산요소, 자산, 공간, 자연이 포함된다.
④ 등기·등록의 공시방법을 갖춤으로써 부동산에 준하여 취급되는 동산은 준부동산으로 간주한다.
⑤ 공간적 측면의 부동산에는 지하, 지표, 공중공간이 포함된다.

> 해설 ③ 생산요소와 자산은 경제적 측면에서의 부동산 개념에 속한다.

02 부동산학에 관한 설명으로 틀린 것은? ▶제26회

① 과학을 순수과학과 응용과학으로 구분할 때 부동산학은 응용과학에 속한다.
② 부동산학의 연구대상은 부동산활동 및 부동산현상을 포함한다.
③ 부동산학의 접근방법 중 종합식 접근방법은 부동산을 기술적·경제적·법률적 측면 등의 복합개념으로 이해하여 이를 종합해서 이론을 구축하는 방법이다.
④ 부동산학은 다양한 학문과 연계되어 있다는 점에서 종합학문적 성격을 지닌다.
⑤ 부동산학의 일반원칙으로서 안전성의 원칙은 소유활동에 있어서 최유효이용을 지도원리로 삼고 있다.

> 해설 ⑤ 최유효이용은 부동산을 가장 효과적으로 이용하는 것을 의미하므로, 능률성의 원칙과 관련된다.

Answers 01. ③   02. ⑤

03 부동산의 개념에 관한 것으로 옳은 것으로만 짝지어진 것은? ▶제30회

㉠ 자본	㉡ 소비재
㉢ 공간	㉣ 생산요소
㉤ 자연	㉥ 자산
㉦ 위치	

	경제적 개념	물리적(기술적) 개념
①	㉠, ㉡, ㉢, ㉥	㉣, ㉤, ㉦
②	㉠, ㉡, ㉣, ㉥	㉢, ㉤, ㉦
③	㉠, ㉣, ㉤, ㉦	㉡, ㉢, ㉥
④	㉡, ㉣, ㉤, ㉥	㉠, ㉢, ㉦
⑤	㉢, ㉣, ㉥, ㉦	㉠, ㉡, ㉤

해설
- 경제적 개념으로서의 부동산은 ㉠ 자본, ㉡ 소비재, ㉣ 생산요소, ㉥ 자산, 상품 등으로서의 부동산이다.
- 물리적(기술적) 개념으로서의 부동산은 ㉢ 공간, ㉤ 자연, ㉦ 위치, 환경 등으로서의 부동산이다.

04 우리나라에서 부동산과 소유권에 관한 설명으로 틀린 것은? ▶제29회

① 토지소유자는 법률의 범위 내에서 토지를 사용, 수익, 처분할 권리가 있다.
② 민법에서 부동산이란 토지와 그 정착물을 말한다.
③ 토지의 소유권은 정당한 이익 있는 범위 내에서 토지의 상하에 미친다.
④ 토지의 소유권 공시방법은 등기이다.
⑤ 토지의 정착물 중 토지와 독립된 물건으로 취급되는 것은 없다.

해설 ⑤ 토지의 정착물은 토지의 일부로 간주되는 종속정착물과 토지와 독립된 물건으로 취급되는 독립정착물로 나누고 있다. 건물, 등기된 입목, 명인방법에 의한 수목의 집단 등은 토지의 독립물이다.

Answers 03. ② 04. ⑤

05 국토의 계획 및 이용에 관한 법령상 용도지역으로서 도시지역에 속하는 것은 모두 고른 것은?
▶제33회

㉠ 농림지역
㉡ 관리지역
㉢ 취락지역
㉣ 녹지지역
㉤ 산업지역
㉥ 유보지역

① ㉣
② ㉢, ㉤
③ ㉣, ㉤
④ ㉠, ㉡, ㉣
⑤ ㉡, ㉢, ㉥

해설 ① 도시지역에 속하는 용도지역에는 주거지역, 상업지역, 공업지역, ㉣ 녹지지역이 있다.

06 토지 관련 용어의 설명으로 옳게 연결된 것은? ▶제34회

㉠ 소유권이 인정되지 않는 바다와 육지 사이의 해변 토지
㉡ 택지경계와 인접한 경사된 토지로 사실상 사용이 불가능한 토지
㉢ 택지지역 내에서 공업지역이 상업지역으로 용도가 전환되고 있는 토지
㉣ 임지지역 · 농지지역 · 택지지역 상호 간에 다른 지역으로 전환되고 있는 일단의 토지

① ㉠: 공지, ㉡: 빈지, ㉢: 후보지, ㉣: 이행지
② ㉠: 법지, ㉡: 빈지, ㉢: 이행지, ㉣: 후보지
③ ㉠: 법지, ㉡: 공지, ㉢: 후보지, ㉣: 이행지
④ ㉠: 빈지, ㉡: 법지, ㉢: 이행지, ㉣: 후보지
⑤ ㉠: 빈지, ㉡: 법지, ㉢: 후보지, ㉣: 이행지

해설 ㉠ 빈지(濱地) : 현재 '바닷가'라는 용어로 변경된 토지. 활용실익은 있지만, 개인의 소유권이 인정되지 않는다. 국유재산법상 행정재산에 속하며 사법상 거래의 대상이 되지 않는다.
㉡ 법지 : 법으로만 소유할 뿐 활용실익이 없거나 적은 토지 예 경사진 토지 부분, 축대용 토지
㉢ 이행지 : 용도적 지역 내에서 그 용도가 이행, 변경되고 있는 토지 예 주거용지 → 상업용지
㉣ 후보지 : 용도지역 상호 간에 다른 지역으로 용도가 전환, 변경되고 있는 지역의 토지
예 과수원지역 → 주택지역

Answers 05. ① 06. ④

07 토지에 관련된 용어이다. (　)에 들어갈 내용으로 옳은 것은? ▶제35회

> (㉠): 지적제도의 용어로서, 토지의 주된 용도에 따라 토지의 종류를 구분하여 지적공부에 등록한 것
> (㉡): 지가공시제도의 용어로서, 토지에 건물이나 그 밖의 정착물이 없고 지상권 등 토지의 사용·수익을 제한하는 사법상의 권리가 설정되어 있지 아니한 토지

① ㉠: 필지, ㉡: 소지
② ㉠: 지목, ㉡: 나지
③ ㉠: 필지, ㉡: 나지
④ ㉠: 지목, ㉡: 나대지
⑤ ㉠: 필지, ㉡: 나대지

해설 ㉠은 지목, ㉡은 나지에 대한 설명이다.

08 토지는 사용하는 상황이나 관계에 따라 다양하게 불리는바, 토지 관련 용어의 설명으로 틀린 것은? ▶제33회

① 도시개발사업에 소요된 비용과 공공용지를 제외한 후 도시개발사업 전 토지의 위치·지목·면적 등을 고려하여 토지 소유자에게 재분배하는 토지를 환지(換地)라고 한다.
② 토지와 도로 등 경계 사이의 경사진 부분의 토지를 법지(法地)라 한다.
③ 고압송전선로 아래의 토지를 선하지(線下地)라 한다.
④ 소유권이 인정되지 않는 바다와 육지 사이의 해변 토지를 포락지(浦落地)라 한다.
⑤ 도시개발사업에 필요한 경비에 충당하기 위해 환지로 정하지 아니한 토지를 체비지(替費地)라 한다.

해설 ④ 빈지(濱地)라고 한다.

Answers　07. ②　08. ④

09 토지 관련 용어의 설명으로 틀린 것은? ▶제32회

① 택지지역 내에서 주거지역이 상업지역으로 용도변경이 진행되고 있는 토지를 이행지라 한다.
② 필지는 하나의 지번이 부여된 토지의 등록단위이다.
③ 획지는 인위적·자연적·행정적 조건에 따라 다른 토지와 구별되는 가격수준이 비슷한 일단의 토지를 말한다.
④ 나지는 건부지 중 건폐율·용적률의 제한으로 건물을 짓지 않고 남겨둔 토지를 말한다.
⑤ 맹지는 도로에 직접 연결되지 않은 토지이다.

> 해설 ④ 공지에 대한 설명이다.

10 토지의 이용목적과 활동에 따른 토지 관련 용어에 관한 설명으로 옳은 것은? ▶제30회

① 부지(敷地)는 건부지 중 건물을 제외하고 남은 부분의 토지로, 건축법령에 의한 건폐율 등의 제한으로 인해 필지 내에 비어 있는 토지를 말한다.
② 대지(垈地)는 공간정보의 구축 및 관리 등에 관한 법령과 부동산등기법령에서 정한 하나의 등록단위로 표시하는 토지를 말한다.
③ 빈지(濱地)는 소유권이 인정되는 전·답 등이었으나, 지반이 절토되어 무너져 내린 토지로 바다나 하천으로 변한 토지를 말한다.
④ 포락지(浦落地)는 소유권이 인정되지 않는 바다와 육지 사이의 해변토지를 말한다.
⑤ 소지(素地)는 대지 등으로 개발되기 이전의 자연 상태로서의 토지를 말한다.

> 해설 ① 건부지 중 건물을 제외하고 남은 부분의 토지는 공지이다.
> ② 공간정보의 구축 및 관리 등에 관한 법령과 부동산등기법령에서 정한 하나의 등록단위를 표시하는 것은 필지이다.
> ③ 지반이 절토되어 무너져 내린 토지는 포락지이다.
> ④ 소유권이 인정되지 않는 바다와 육지 사이의 해변토지는 빈지이다.

Answers 09. ④ 10. ⑤

11 이용상태에 따른 토지용어의 설명으로 틀린 것은? ▶제28회

① 부지(敷地)는 도로부지, 하천부지와 같이 일정한 용도로 이용되는 토지를 말한다.
② 선하지(線下地)는 고압선 아래의 토지로 이용 및 거래의 제한을 받는 경우가 많다.
③ 맹지(盲地)는 도로에 직접 연결되지 않은 한 필지의 토지다.
④ 후보지(候補地)는 임지지역, 농지지역, 택지지역 상호 간에 다른 지역으로 전환되고 있는 어느 지역의 토지를 말한다.
⑤ 빈지(濱地)는 물에 의한 침식으로 인해 수면 아래로 잠기거나 하천으로 변한 토지를 말한다.

> **해설** ⑤ 포락지(浦落地)에 대한 설명이다. 빈지(濱地)는 활용실익은 있지만 소유권이 인정되지 않는 토지를 말한다.

12 법령에 의해 등기의 방법으로 소유권을 공시할 수 있는 물건을 모두 고른 것은? ▶제35회

> ㉠ 총톤수 25톤인 기선(機船)
> ㉡ 적재용량 25톤인 덤프트럭
> ㉢ 최대 이륙중량 400톤인 항공기
> ㉣ 토지에 부착된 한 그루의 수목

① ㉠　　　　　　　　② ㉠, ㉣　　　　　　　③ ㉢, ㉣
④ ㉠, ㉡, ㉢　　　　⑤ ㉠, ㉡, ㉢, ㉣

> **해설** ㉡㉢은 등록, ㉣은 법상 수목집단이 등기의 대상이다.

Answers　11. ⑤　12. ①

Theme 02　부동산의 특성

13 토지의 특성에 관한 설명으로 옳은 것은? ▶제35회

① 부동성으로 인해 외부효과가 발생하지 않는다.
② 개별성으로 인해 거래사례를 통한 지가 산정이 쉽다.
③ 부증성으로 인해 토지의 물리적 공급은 단기적으로 탄력적이다.
④ 용도의 다양성으로 인해 토지의 경제적 공급은 증가할 수 있다.
⑤ 영속성으로 인해 부동산활동에서 토지는 감가상각을 고려하여야 한다.

> **해설** ① 부동성으로 인해 외부효과가 발생한다.
> ② 개별성으로 인해 거래사례를 통한 지가 산정이 쉽지 않다.
> ③ 부증성으로 인해 토지의 물리적 공급은 단기적으로는 불가능하므로 완전비탄력적이라 할 수 있다. 장기적으로는 토지의 물리적 공급이 가능하다.
> ⑤ 영속성으로 인해 물리적 감가가 발생하지 않는다. 따라서 물리적 감가는 고려하지 않는다.

14 토지의 특성에 관한 설명으로 틀린 것은? ▶제34회

① 용도의 다양성으로 인해 두 개 이상의 용도가 동시에 경합할 수 없고 용도의 전환 및 합병·분할을 어렵게 한다.
② 부증성으로 인해 토지의 물리적 공급이 어려우므로 토지이용의 집약화가 요구된다.
③ 부동성으로 인해 주변 환경의 변화에 따른 외부효과가 나타날 수 있다.
④ 영속성으로 인해 재화의 소모를 전제로 하는 재생산이론과 물리적 감가상각이 적용되지 않는다.
⑤ 개별성으로 인해 토지별 완전한 대체 관계가 제약된다.

> **해설** ① 용도다양성이란 부동산이 주거용, 상업용, 공업용 등 다양한 용도에 사용될 수 있는 특성을 말한다. 용도가 다양한 탓으로 두 개 이상의 용도가 동시에 경합하는 수가 있으며, 용도의 전환 및 합병·분할도 할 수 있다. 또, 용도가 다양하여 두 개 이상의 용도가 병존하는 수도 있다.

Answers　13. ④　14. ①

15 부동산의 특성에 관한 설명으로 옳은 것은? ▶제33회

① 토지는 물리적 위치가 고정되어 있어 부동산시장이 국지화된다.
② 토지는 생산요소와 자본의 성격을 가지고 있지만, 소비재의 성격은 가지고 있지 않다.
③ 토지는 개별성으로 인해 용도적 관점에서도 공급을 늘릴 수 없다.
④ 토지의 부증성으로 인해 토지공급은 특정용도의 토지에 대해서도 장·단기적으로 완전비탄력적이다.
⑤ 토지는 영속성으로 인해 물리적·경제적인 측면에서 감가상각을 하게 한다.

해설 ② 토지는 생산재와 소비재의 성격을 모두 가지고 있다.
③ 용도적 관점에서는 공급을 늘릴 수 있다.
④ 특정용도의 토지는 장기적으로는 공급이 가능하다.
⑤ 토지의 물리적 감가는 불가능하다.

16 토지의 특성에 관련된 설명으로 옳은 것을 모두 고른 것은? ▶제31회

㉠ 개별성은 토지시장을 불완전경쟁시장으로 만드는 요인이다.
㉡ 부증성은 토지이용을 집약화시키는 요인이다.
㉢ 부동성은 부동산 활동에서 임장활동 필요성의 근거가 된다.
㉣ 영속성은 부동산 활동에서 감가상각 필요성의 근거가 된다.

① ㉠
② ㉡, ㉣
③ ㉠, ㉡, ㉢
④ ㉡, ㉢, ㉣
⑤ ㉠, ㉡, ㉢, ㉣

해설 ㉣ 영속성은 감가상각의 필요성이 배제되는 근거가 된다.

Answers 15. ① 16. ③

17 토지의 자연적 특성에 관한 설명으로 옳은 것을 모두 고른 것은? ▶제32회

> ㉠ 부증성으로 인해 동산과 부동산이 구분되고, 일반재화와 부동산재화의 특성이 다르게 나타난다.
> ㉡ 부동성으로 인해 임장활동과 지역분석을 필요로 한다.
> ㉢ 인접성으로 인해 부동산의 수급이 불균형하여 균형가격의 형성이 어렵다.
> ㉣ 개별성으로 인해 일물일가 법칙의 적용이 배제되어 토지시장에서 물건 간 완전한 대체관계가 제약된다.

① ㉠, ㉡   ② ㉠, ㉢   ③ ㉡, ㉢
④ ㉡, ㉣   ⑤ ㉢, ㉣

해설 ㉠ 부동성에 관한 설명이다.
㉢ 부증성에 관한 설명이다.

18 토지의 자연적 특성 중 다음 설명과 모두 관련 있는 것은? ▶제30회

> • 부동산관리의 의의를 높게 한다.
> • 장기투자를 통해 자본이득과 소득이득을 얻을 수 있다.
> • 부동산활동에 있어서 장기배려를 하게 한다.

① 적재성   ② 부동성   ③ 영속성
④ 개별성   ⑤ 인접성

해설 ③ 토지는 일반재화와 달리 시간의 흐름이나 사용에 의하여 소모되거나 소멸되지 않는다는 영속성이라는 특징을 지닌다. 이로 인해 교환가치와 용익가치의 동시향유가 가능하며 부동산 관리의 중요성이 더욱 부각된다. 또한 중요한 저축수단이 되며 장기투자가 가능해서 자본이득과 소득이득을 얻을 수 있다.

Answers   17. ④   18. ③

19 토지의 자연적 특성 중 다음 설명에 모두 관련 있는 것은? ▶제29회

- 토지 이용을 집약화시킨다.
- 토지의 공급조절을 곤란하게 한다.
- 토지의 소유 욕구를 증대시킨다.

① 인접성　　　　② 부증성　　　　③ 영속성
④ 개별성　　　　⑤ 적재성

해설 ② 토지의 자연적 특성 중 '부증성'에 의해 나타나는 현상이다.

20 주택법령상 주택의 유형과 내용에 관한 설명으로 틀린 것은? ▶제35회

① 도시형 생활주택은 「국토의 계획 및 이용에 관한 법률」에 따른 도시지역에 건설하여야 한다.
② 도시형 생활주택은 300세대 미만의 국민주택규모로 구성된다.
③ 토지임대부 분양주택의 경우, 토지의 소유권은 분양주택 건설사업을 시행하는 자가 가지고, 건축물 및 복리시설 등에 대한 소유권은 주택을 분양받은 자가 가진다.
④ 세대구분형 공동주택은 주택 내부 공간의 일부를 세대별로 구분하여 생활이 가능한 구조이어야 하며, 그 구분된 공간의 일부를 구분소유 할 수 있다.
⑤ 장수명 주택은 구조적으로 오랫동안 유지·관리될 수 있는 내구성을 갖추고, 입주자의 필요에 따라 내부 구조를 쉽게 변경할 수 있는 가변성과 수리 용이성 등이 우수한 주택을 말한다.

해설 ④ 세대구분형 공동주택은 그 구분된 공간 일부를 구분소유할 수 없다. 예컨대 방 3개짜리 주택을 출입구와 욕실을 별도로 만들어 세대구분형 공동주택으로 만들었다면 각각 임대는 가능해도 구분해서 매도할 수는 없다.

Answers　19. ②　20. ④

만화로 배우는
박문각 공인중개사
1차 부동산학개론

Part 02

부동산학 각론

Theme 01 부동산수요·공급이론
Theme 02 부동산경기변동이론
Theme 03 부동산시장이론
Theme 04 부동산정책론
Theme 05 부동산투자론
Theme 06 부동산금융론
Theme 07 부동산이용 및 관리론
Theme 08 부동산개발론
Theme 09 부동산입지론

+ 빈출 핵심용어
+ 핵심 기출문제

01 부동산수요·공급이론

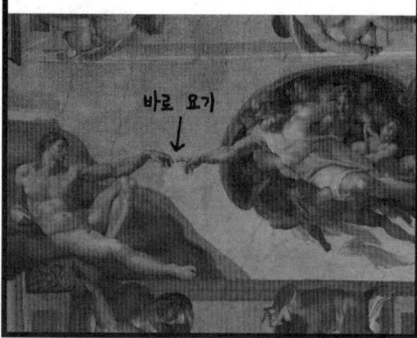

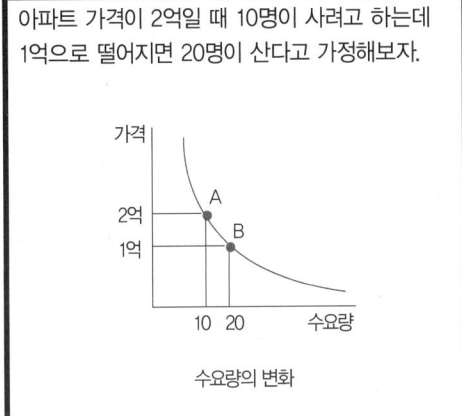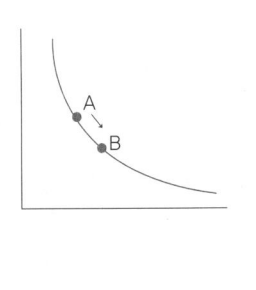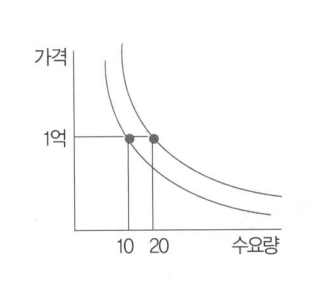

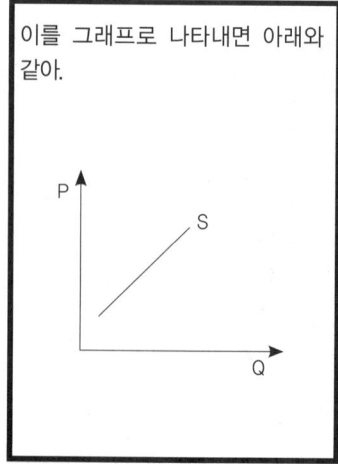

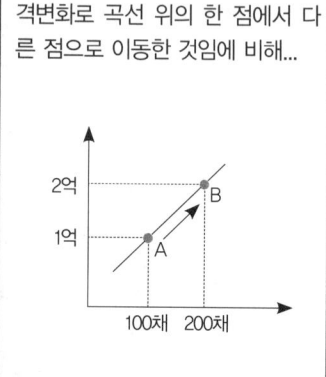

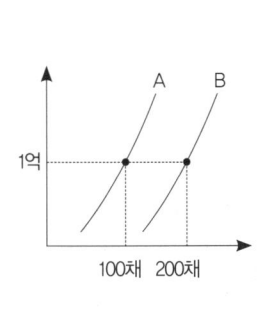
공급의 변화는 가격 이외의 요인에 의하여 곡선 자체가 이동한 거야.

공급의 변화를 야기하는 원인은 기술혁신, 원자재가격 변동, 소득상승 등이 있어.

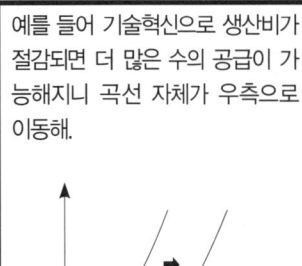
예를 들어 기술혁신으로 생산비가 절감되면 더 많은 수의 공급이 가능해지니 곡선 자체가 우측으로 이동해.

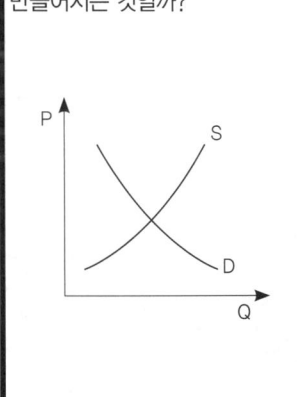
수요곡선과 공급곡선은 어떻게 만들어지는 것일까?

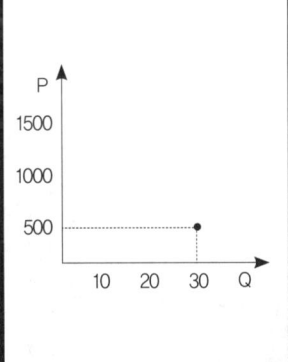
사과 1개의 값이 500원일 때 수요량이 30개이고…

가격이 1,000원으로 오르면 수요량이 20개, 1,500원일 때는 10개로 떨어진다고 가정해 보자.

비싸지면 적게 살 수밖에 없지.

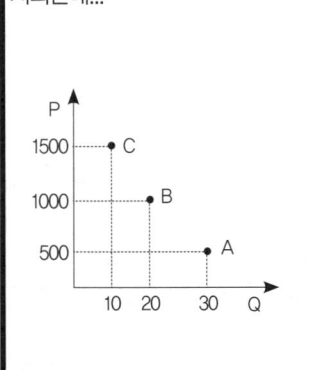
그래프로 옮기자면 A, B, C로 표시되는데…

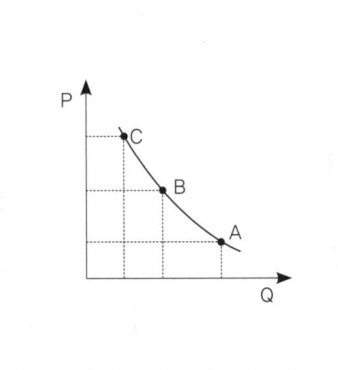
이 점들을 이으면 사과에 대한 수요곡선이 되지.

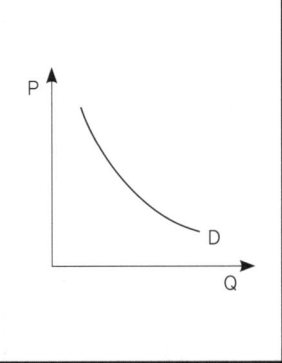
즉, 수요곡선은 가격과 수요량의 관계를 그래프로 나타낸 것이야.

Theme 01 부동산수요·공급이론

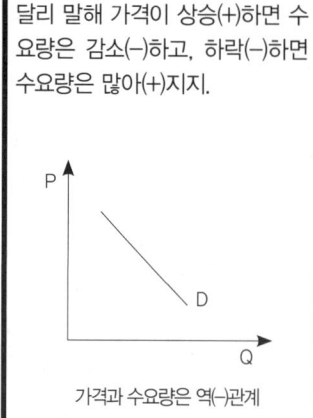

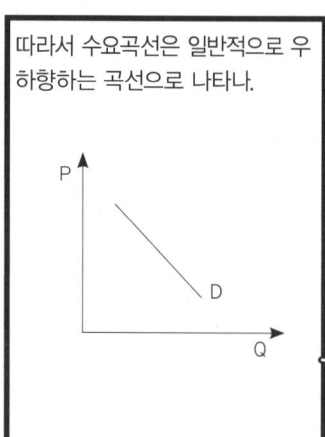

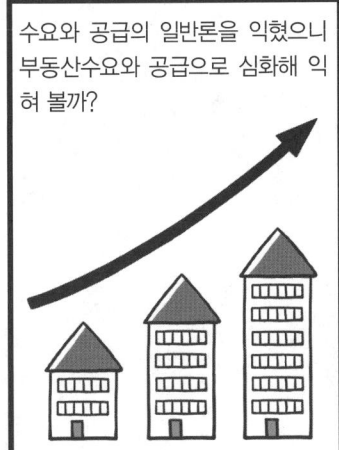

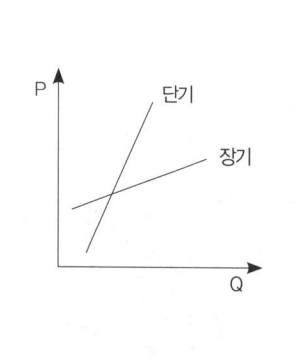

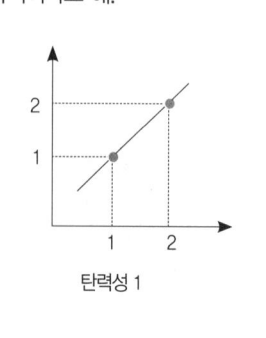
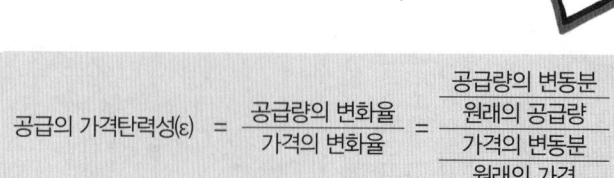

탄력성이 0이란 것은 완전비탄력적인 것으로 곡선이 수직으로 나타나지. 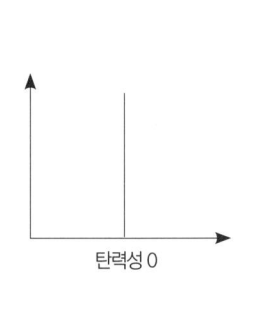	완전탄력적이라면 탄력성이 ∞(무한대)이고 곡선은 수평이야. 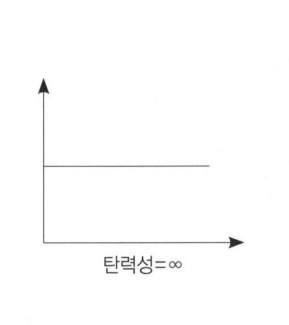	0과 1 사이면 비탄력적이고 곡선은 가파르며 1과 ∞ 사이면 탄력적이고 곡선은 완만해지지. 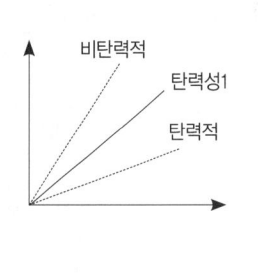
수요곡선과 공급곡선이 교차하는 점에서 균형가격과 균형 수급량이 결정돼. 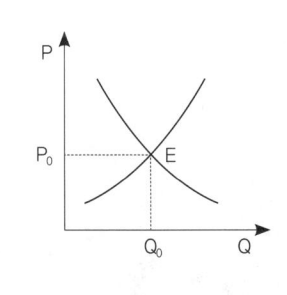	수요와 공급 어느 한쪽이 완전 탄력적이거나 완전 비탄력적인 경우에 균형가격과 균형수급량은 어떻게 될까? 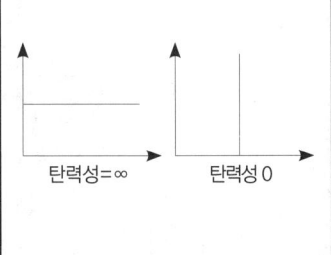	공급이 완전 비탄력적인데 수요가 증가하면 균형가격은 상승하는 데 비해 균형수급량은 불변하는 것을 볼 수 있지. 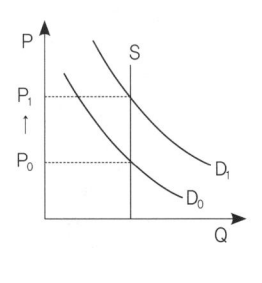
공급이 완전탄력적인데 수요가 증가하면 균형가격은 불변하지만 균형수급량은 증가하고... 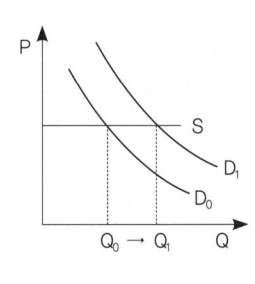	수요가 완전비탄력적인데 공급이 증가하면 균형가격은 하락하는 데 비해 균형수급량은 불변하며... 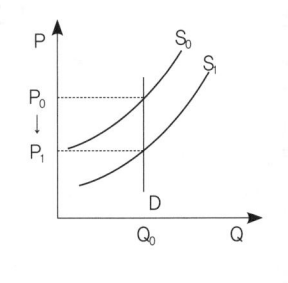	수요가 완전탄력적인데 공급이 증가하면 균형가격은 불변하지만 균형수급량은 증가해. 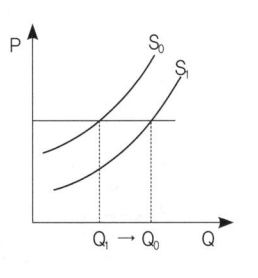

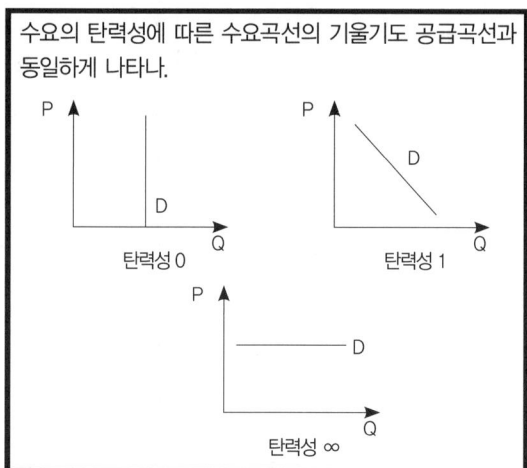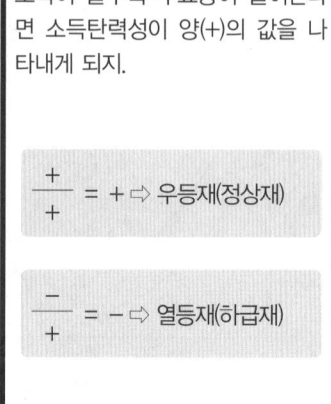

Theme 02 부동산경기변동이론

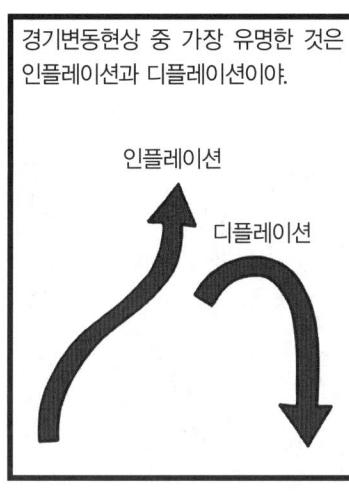

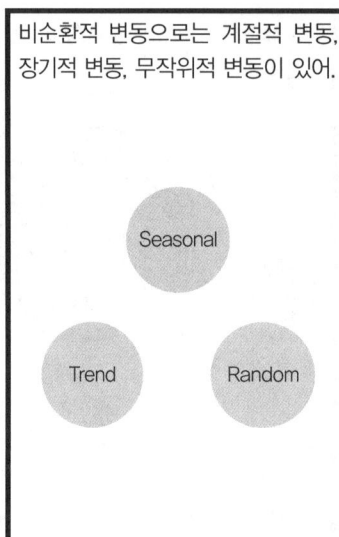

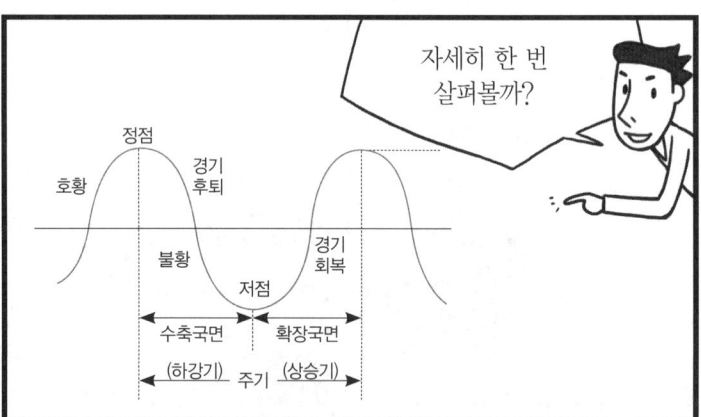
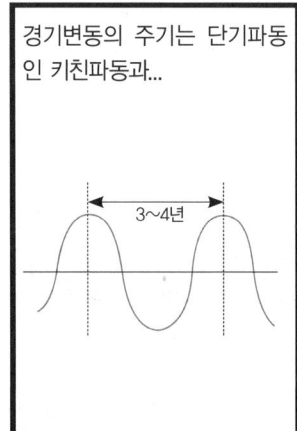
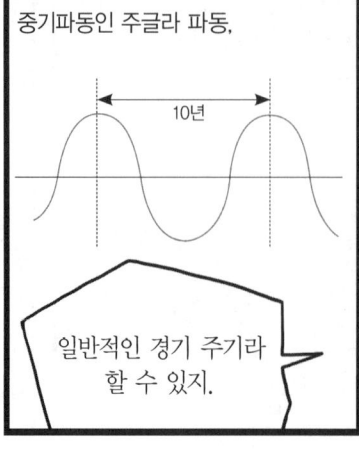
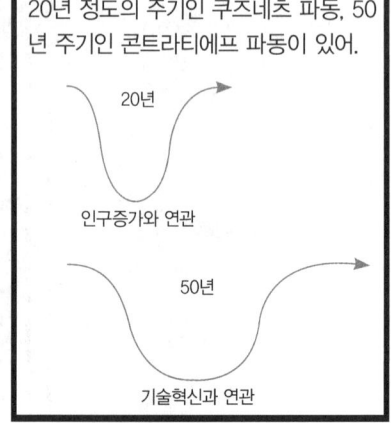

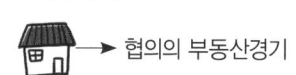
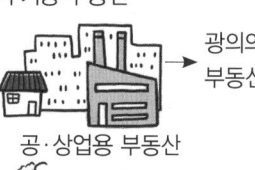

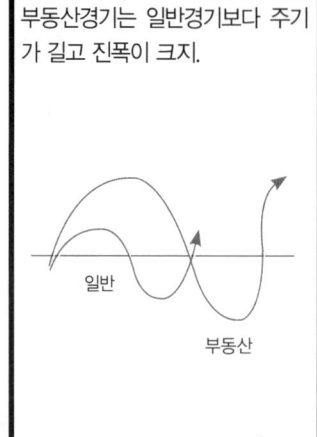
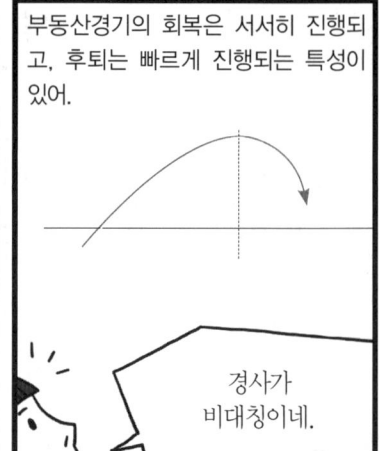
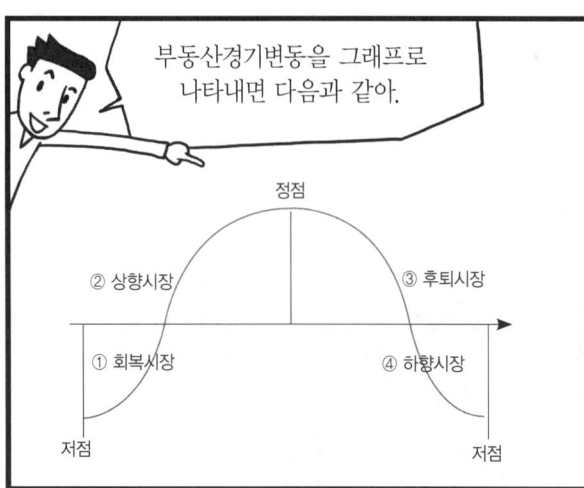

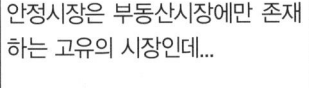

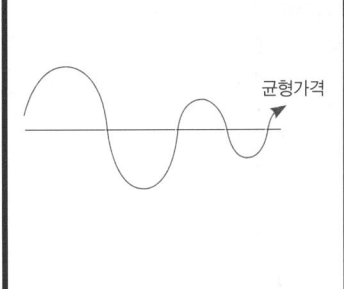

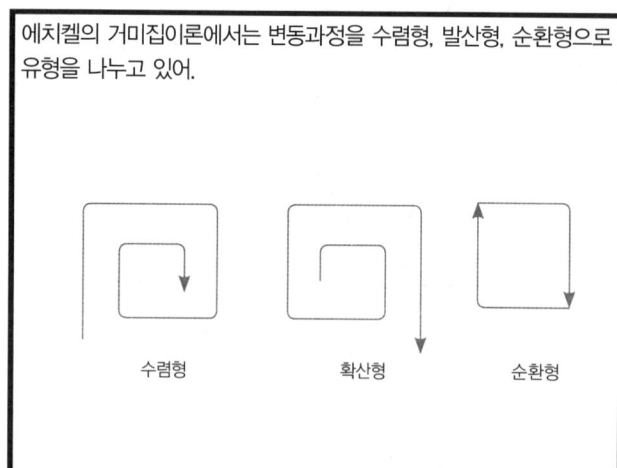

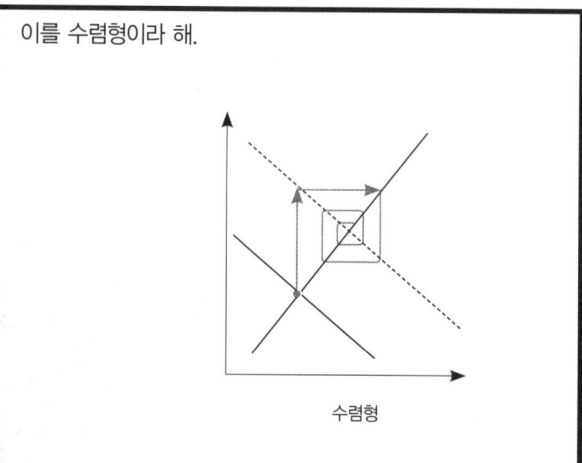

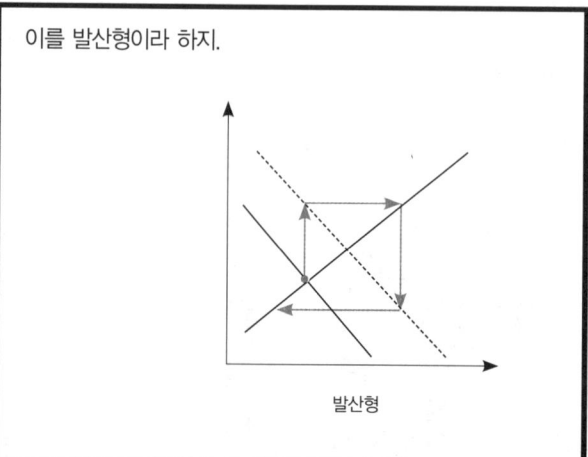

03 부동산시장이론

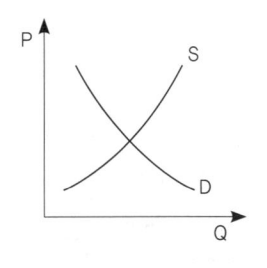

부동산시장의 특성은 아래와 같아.

① 시장의 국지성(시장의 지역성)
② 상품의 비표준화성
③ 거래의 비공개성
④ 시장의 비조직성
⑤ 수급조절의 곤란성
⑥ 매매 기간의 장기성
⑦ 법적제한 과다
⑧ 자금의 유용성과 밀접한 관계

시장의 국지성은 부동산은 움직일 수 없으므로(부동성) 시장이 지역성을 띤다는 성질이야.

집 팔아요.

상품의 비표준화성은 부동산 하나하나가 개별성을 지녀 일물일가의 법칙이 적용되기 힘들다는 것이지.

같은 동이라도 전망이나 층수에 따라 가격이 달라요.

부동산 거래는 비공개성을 띠는데 이 때문에 정보탐색비용이 발생하게 돼.

실거래가가 얼맙니까?

부증성, 부동성으로 인해 수급 조절이 곤란해 단기적으로 가격 왜곡이 발생하는 일이 잦고...

또한 공공성 때문에 법적 제한이 많아 가격 왜곡 발생의 요인이 되기도 해.

학군 때문에 가격이 두 배로 뛰었어.

부동산시장은 교환과 자원배분의 기능을 해.

모든 시장의 1차적 기능이랄 수 있지.

새로운 정보가 지체 없이 부동산가치에 반영되는 시장을 효율적 시장이라고 하는데....

효율적 시장은 정보의 범위에 따라 약성, 준강성, 강성 효율적 시장으로 구분되지.

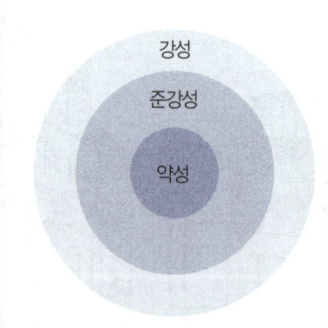

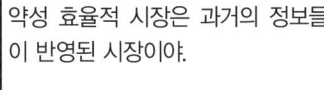

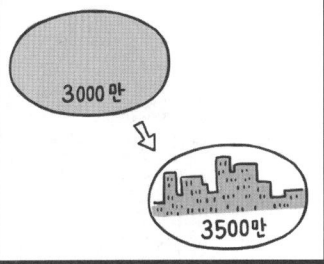

부동산정책론

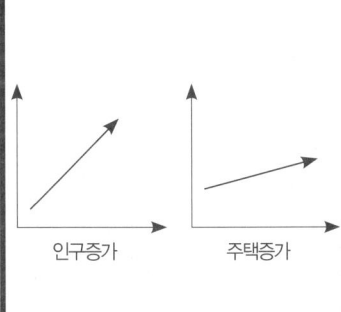

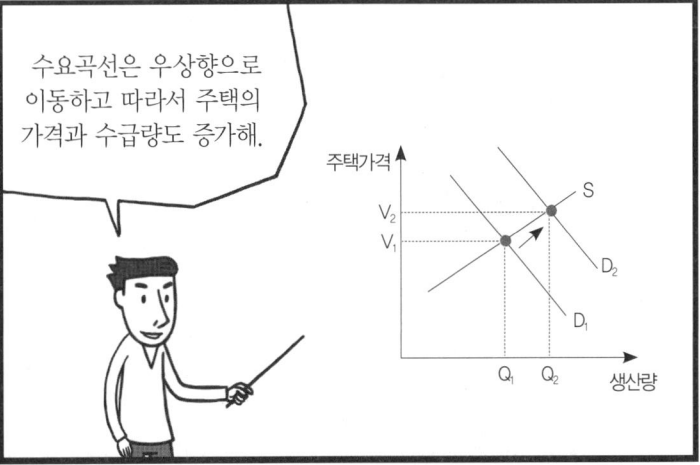

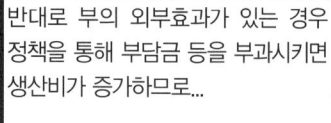

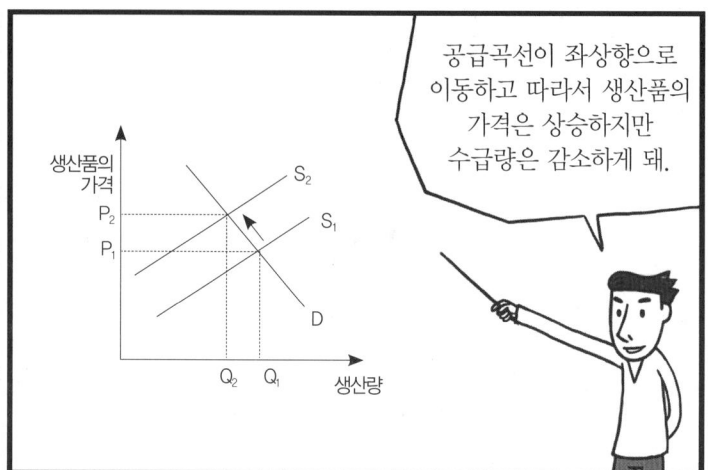

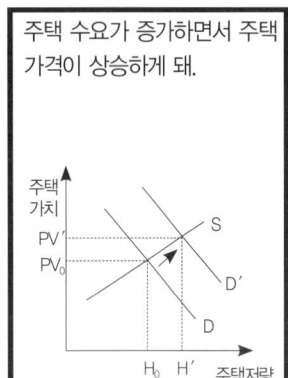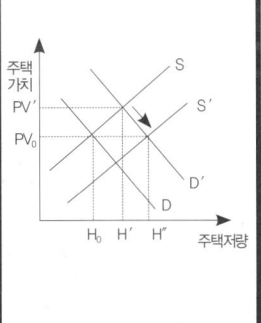

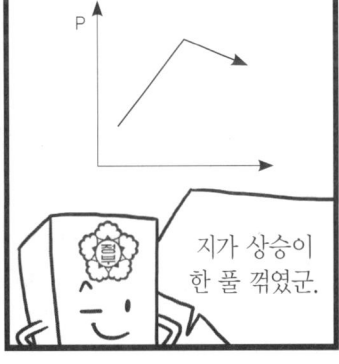

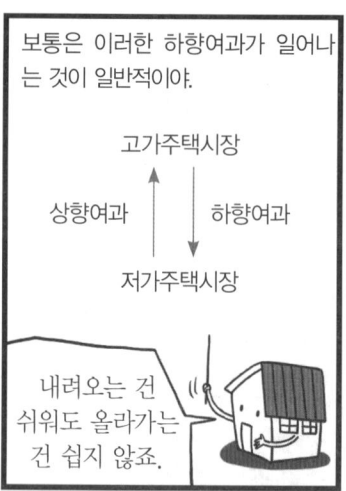

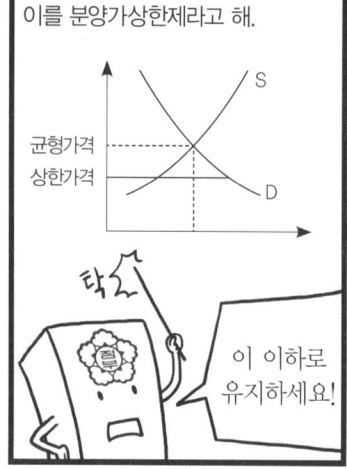

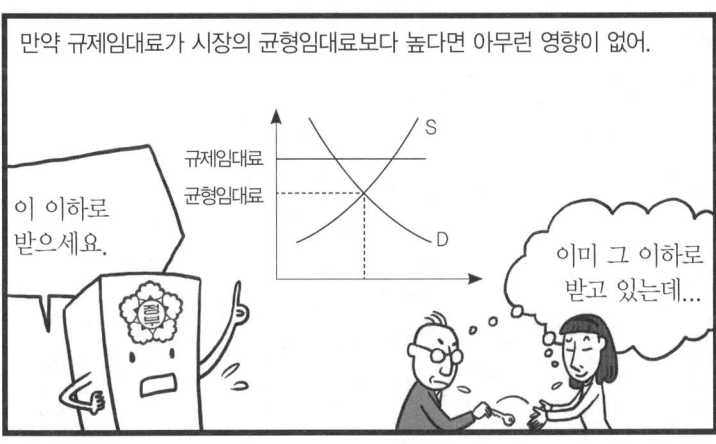

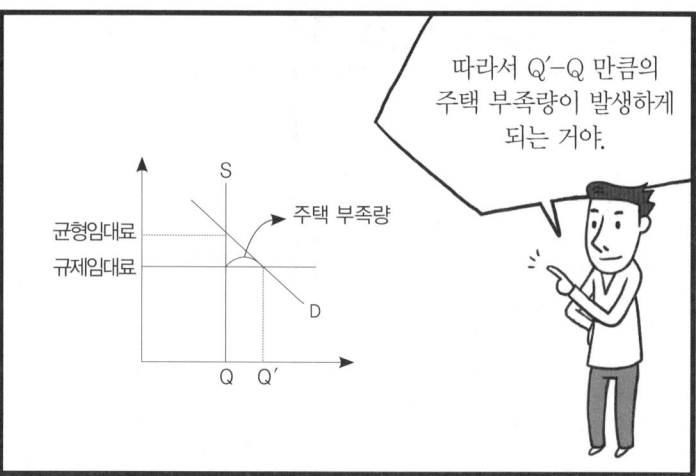

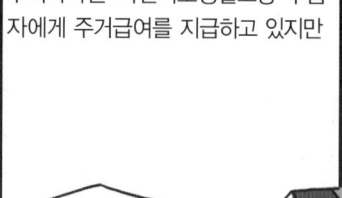

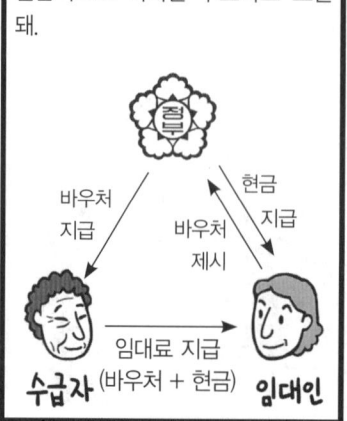

1차 부동산학개론

핵심 다잡기

- 임대료 규제정책
  - 단기에 규제효과 발휘
- 임대료 보조정책
  - 장기에 임차인 혜택
- 공공주택정책
  - 단기에 사적·공적시장 모두 혜택

Theme 04 부동산정책론

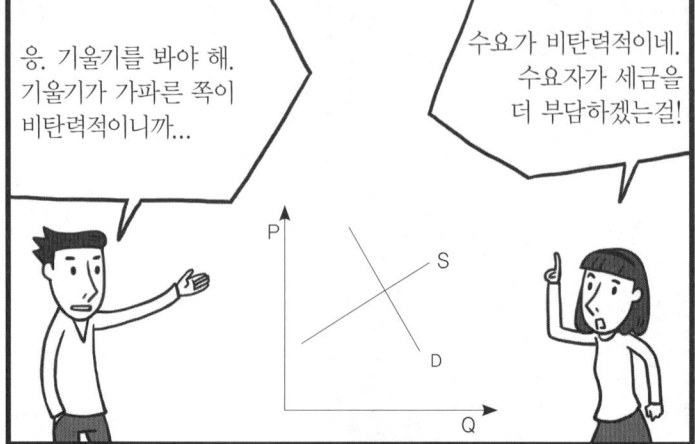

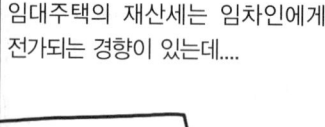

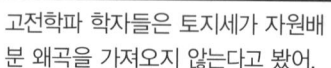

Theme 05 부동산투자론

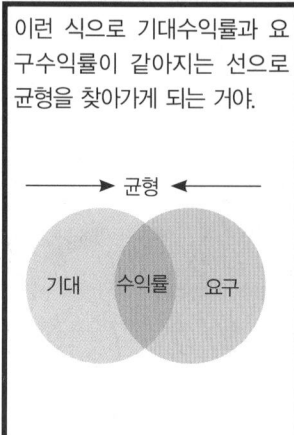

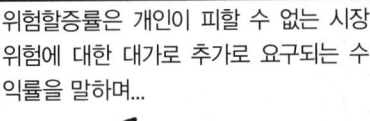

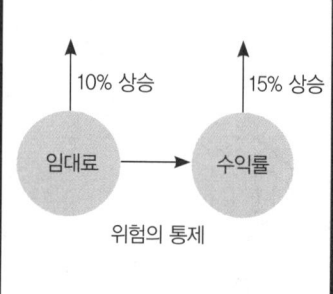

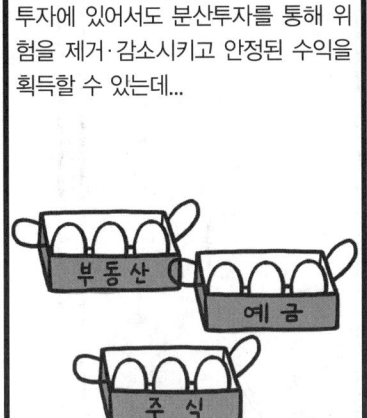

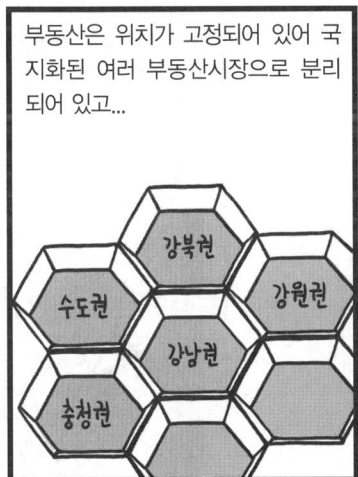

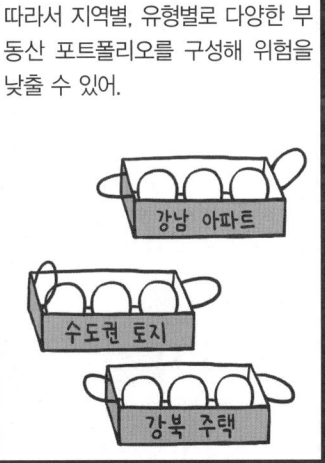

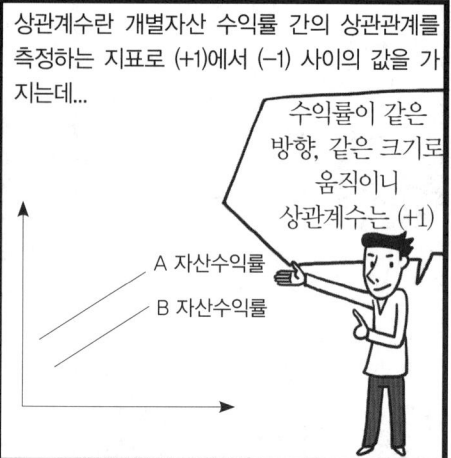

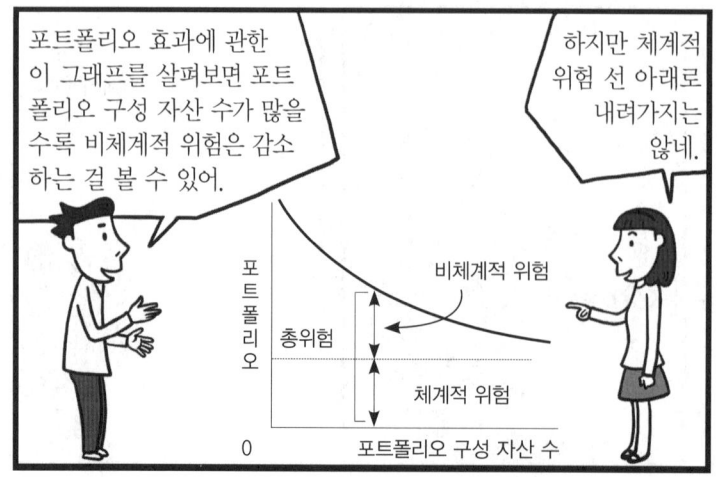

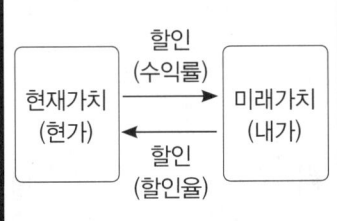

핵심 다잡기 | 역수관계

- 일시불의 현가계수
  $\updownarrow$
  일시불의 내가계수
- 연금의 내가계수
  $\updownarrow$
  감채기금계수
- 연금의 현가계수
  $\updownarrow$
  저당상수

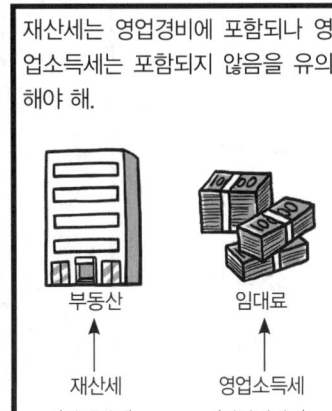

핵심 다잡기 — 영업현금수지의 계산과정

×	단위당 예상 임대료 임대단위 수
− +	가능조소득(PGI: potential gross income) 공실 및 불량부채(보통 가능조소득의 5%) 기타 소득(주차장 수입, 자판기 수입 등)
−	유효조소득(EGI: effective gross income) 영업경비(OE: operating expenses: 유지·관리비, 재산세)
−	순영업소득(NOI: net operating income) 부채서비스액(DS: debt service)(원리금상환액, 저당지불액)
−	세전현금수지(BTCF: before-tax cash flow) 영업소득세(TO: taxes from operation)
=	세후현금수지(ATCF: after-tax cash flow)

정리해볼까?

부동산투자분석기법은 크게 화폐의 시간 가치를 고려하는 할인현금수지분석법과....

Discounted Cash Flow analysis

장래 예상되는 현금수지를 현재가로 할인해 판단해.

시간가치를 고려하지 않는 어림셈법, 비율분석법, 기타 전통적 분석기법으로 분류할 수 있어.

비할인법
- 어림셈법 ┌ 승수법
            └ 수익률법
- 비율분석법
- 전통적 분석기법 ┌ 회계적 수익률법
                    └ 단순회수기간법

할인현금수지분석법에는 다음과 같은 기법이 포함되지.

할인현금수지분석법
- 순현가법(Net Present Value method)
- 수익성지수법(Profitability Index method)
- 내부수익률법(Internal Rate of Return method)

순현가법은 장래 수입의 현가총액에서 비용의 현가총액을 차감한 금액인 순현가를 구하여...

임대료 수익과 양도이득을 현가로 환산하면....

순현가가 0 이상이면 투자를 채택하는 기법이야.

순현가 ≥ 0

투자액보다 많이 남네!

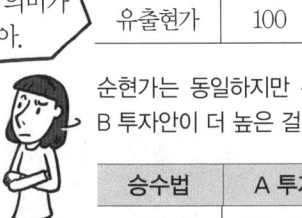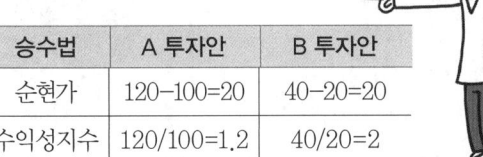

핵심 다잡기 승수법과 수익률법

승수법		관계	수익률법	
조소득승수	총투자액 / 조소득	↔	총자산 회전율	조소득 / 총투자액
순소득승수	총투자액 / 순영업소득	↔	종합자본 환원율	순영업소득 / 총투자액
세전현금수지승수	지분투자액 / 세전현금수지	↔	지분배당률	세전현금수지 / 지분투자액
세후현금수지승수	지분투자액 / 세후현금수지	↔	세후수익률	세후현금수지 / 지분투자액

06 부동산금융론

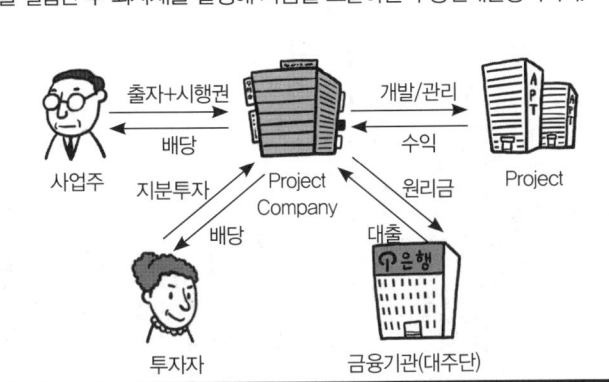

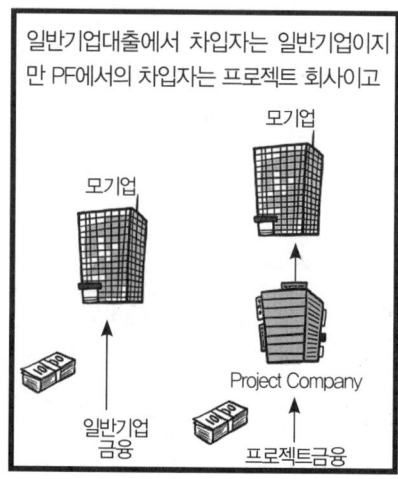

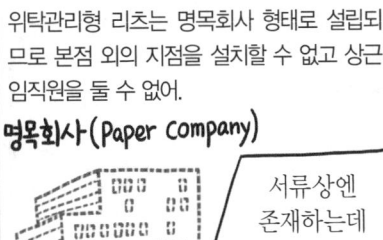

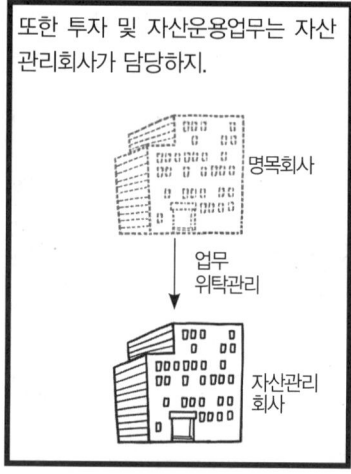

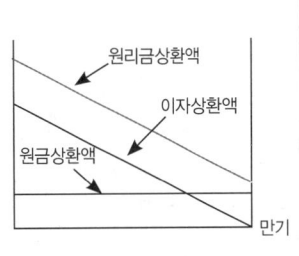

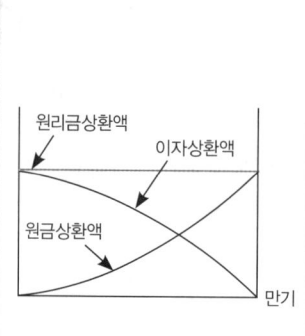

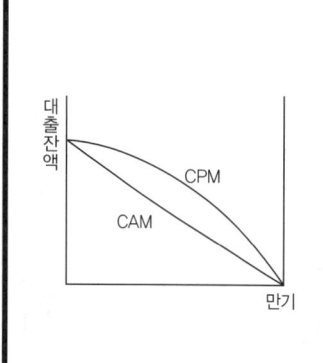

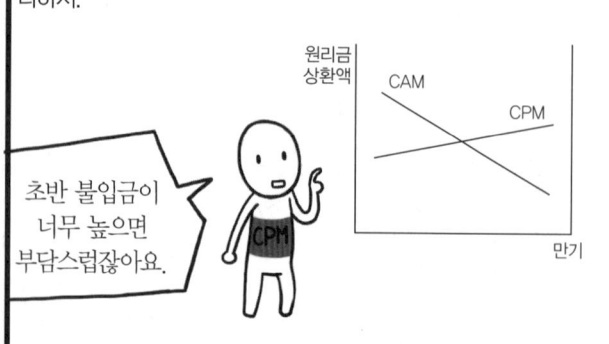

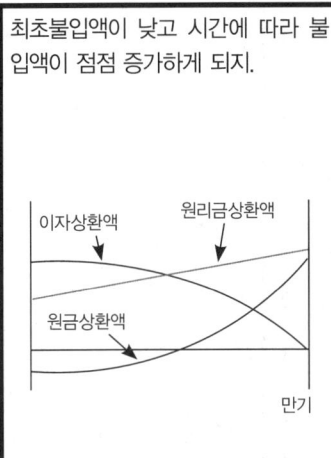

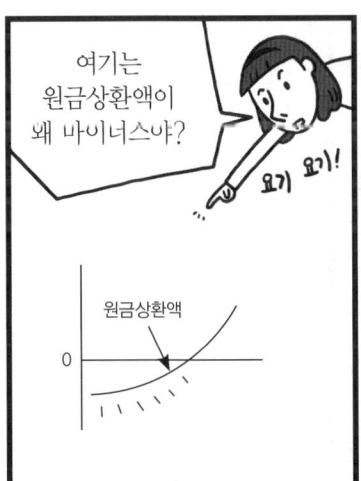

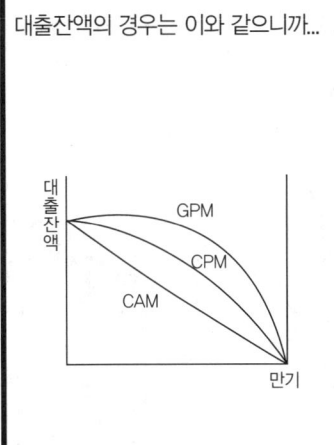

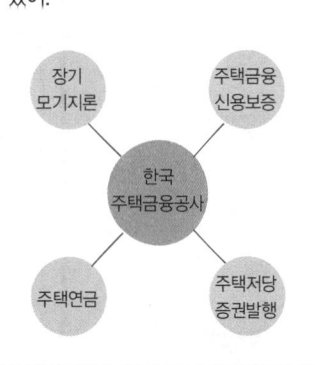

핵심 다잡기 저당담보증권(MBS)의 종류

구분	MPTS (지분형)	MBB (채권형)	MPTB (혼합형)	CMO (혼합형)
발행형태	증권	채권	채권	채권
저당풀 소유	투자자	발행기관	발행기관	발행기관
원리금수취	투자자	발행기관	투자자	투자자
위험부담	투자자(수익↑)	발행자(수익↓)	투자자	투자자
콜방어	불가능	가능	불가능	가능(트렌치별)

Theme 07 부동산이용 및 관리론

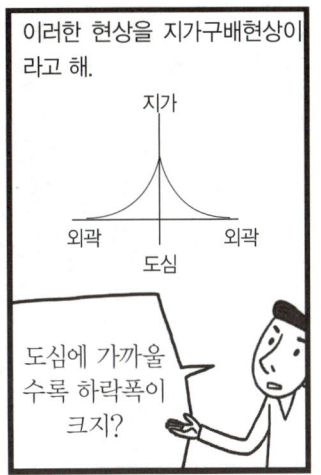

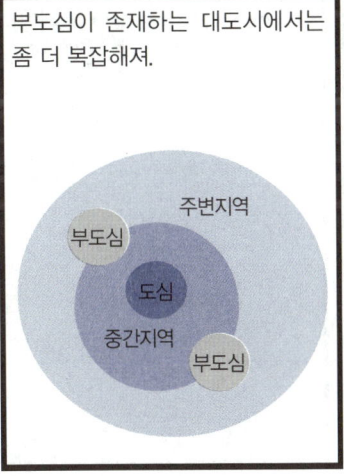

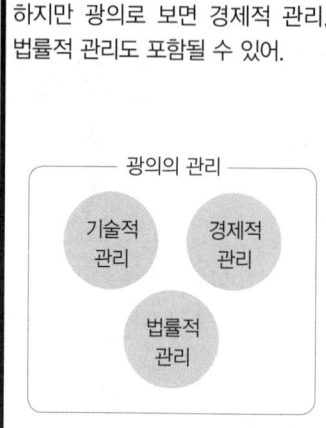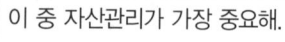

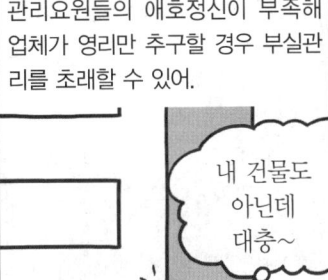

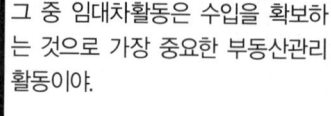

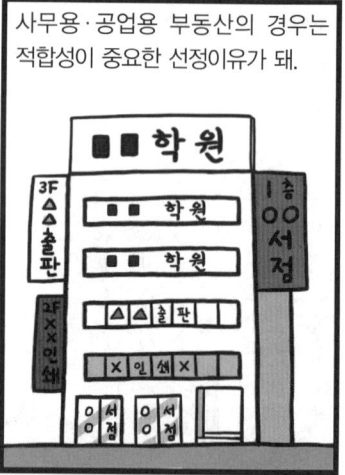

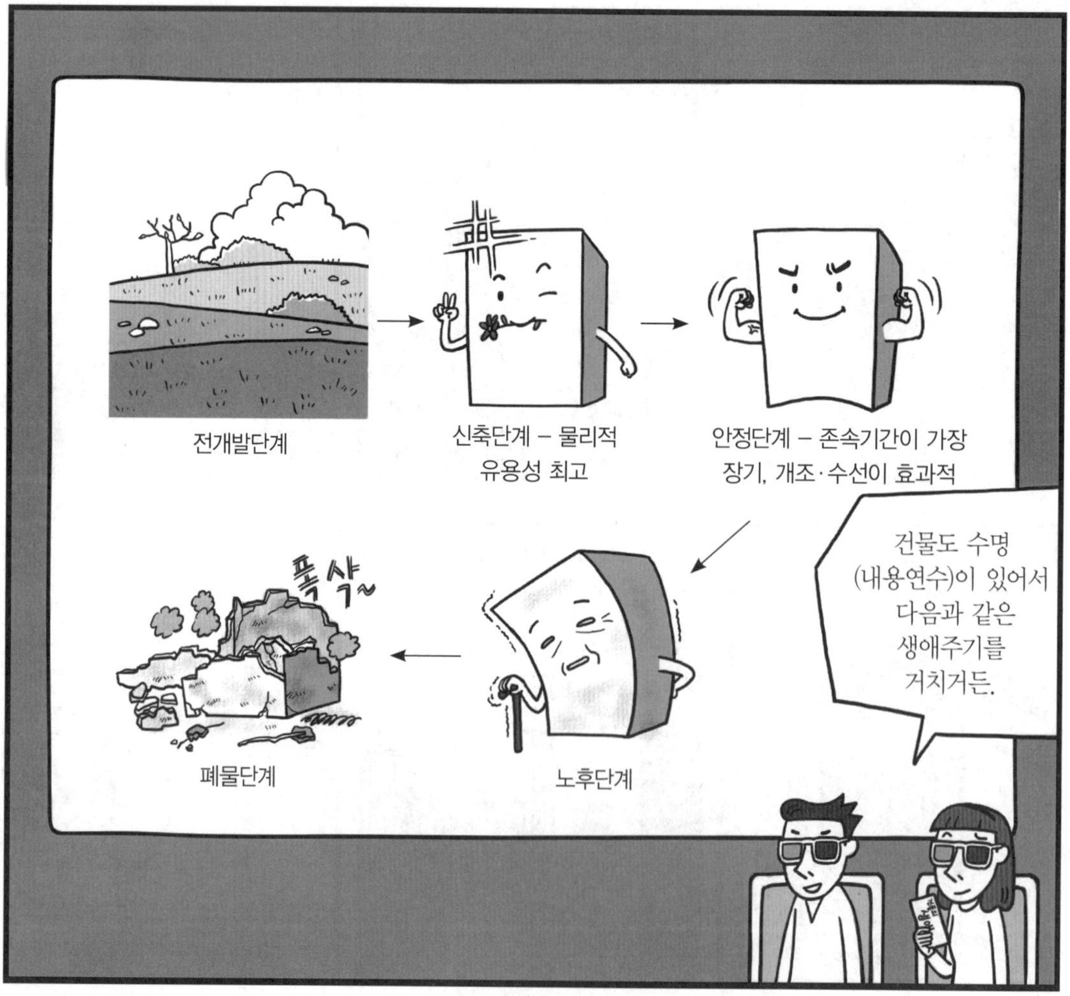

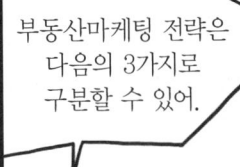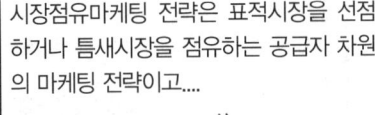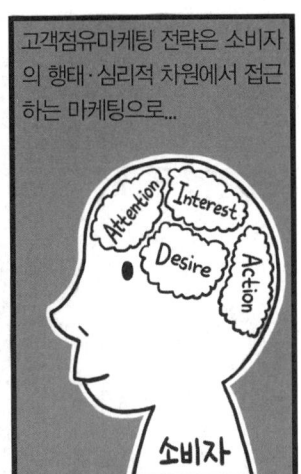

부동산개발론

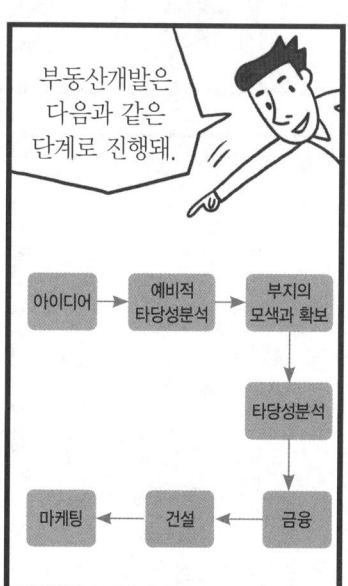

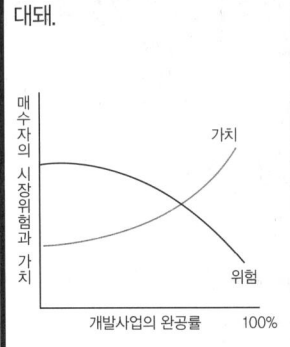

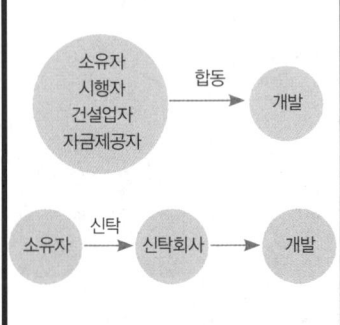

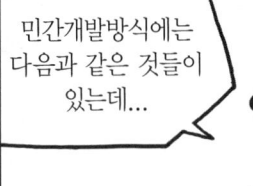

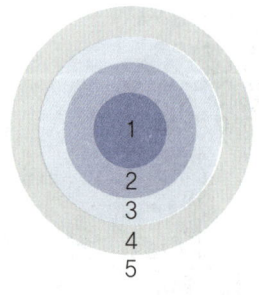

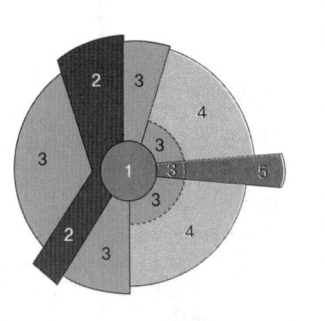

이를 보완한 것이 선형이론으로 도시는 교통축을 따라 부채꼴로 확대된다는 이론이야.

1. CBD
2. 도매·경공업지구
3. 저급주택지구
4. 중급주택지구
5. 고급주택지구

선형이론에 의하면 고소득층의 주거지는 주요 교통노선을 따라 발달한다고 해.

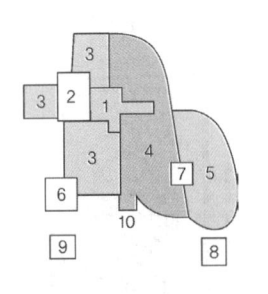

다핵심이론은 도시가 여러 개의 핵심 주변에서 발달한다는 이론이야.

1. CBD
2. 도매·경공업지구
3. 저급주택지구
4. 중급주택지구
5. 고급주택지구
6. 중공업지구
7. 교외주택지구
8. 주변업무지구
9. 교외공업지구
10. 교외지구 및 위성도시

수출하려면 항구 옆에 있는 게 유리하죠.

다핵이 성립하는 요인으로는 특정위치와 시설의 필요성,

동종 활동간의 집적이익,

이질 활동간의 입지적 비양립성,

시끄러워서 업무를 볼 수가 없네.

지대지불능력의 차이 등이 있어.

뷰가 훌륭하겠지만 비싸겠지?

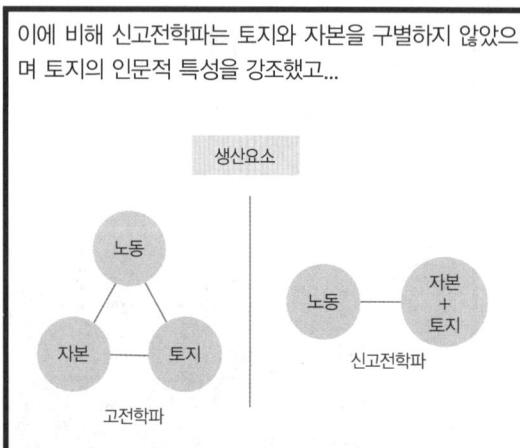
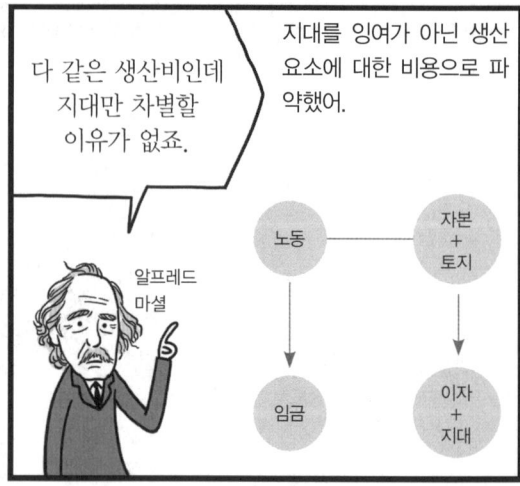

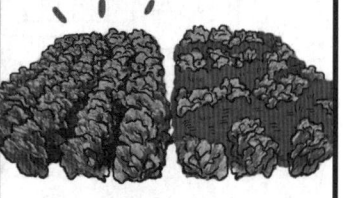

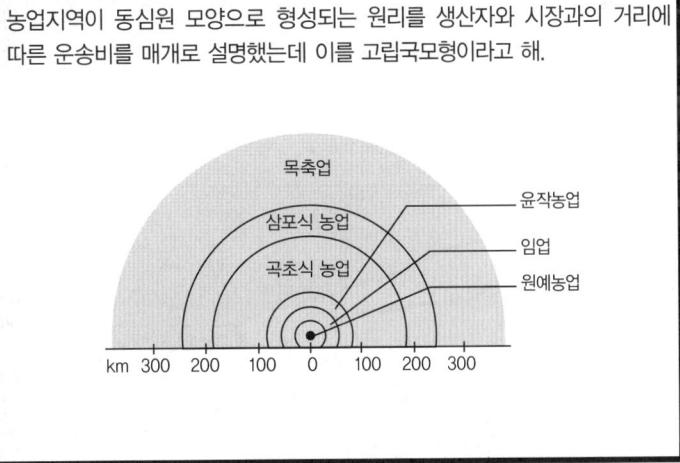
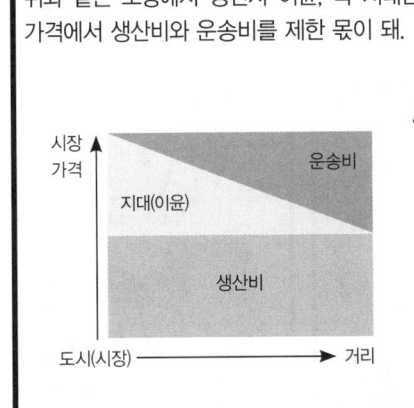

09 부동산입지론

고립국모형은 토지이용의 양태가 농산물의 수송비에 의해 결정된다는 농업의 입지에 관한 이론이야.

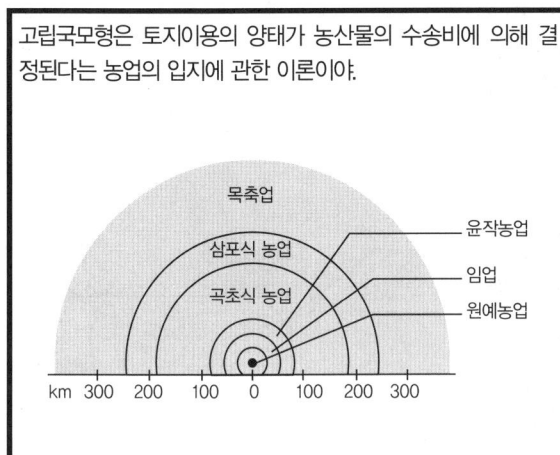

지대는 가격에서 생산비와 수송비를 제한 값이기 때문에 도심에서 멀어질수록 지대는 감소하지.

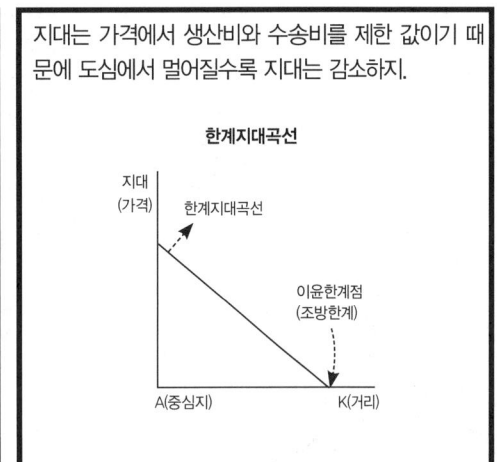

그런데 작물에 따라 한계지대곡선의 기울기에 차이가 있어.

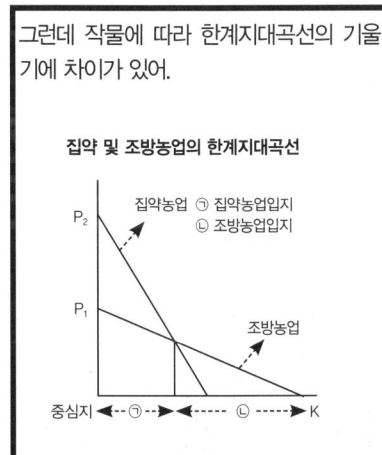

지대지불능력이 가장 우수한 입지주체가 중심지에 가깝게 입지하므로 결국 입찰지대곡선의 기울기가 가파를수록 중심지에 가깝게 입지하게 돼.

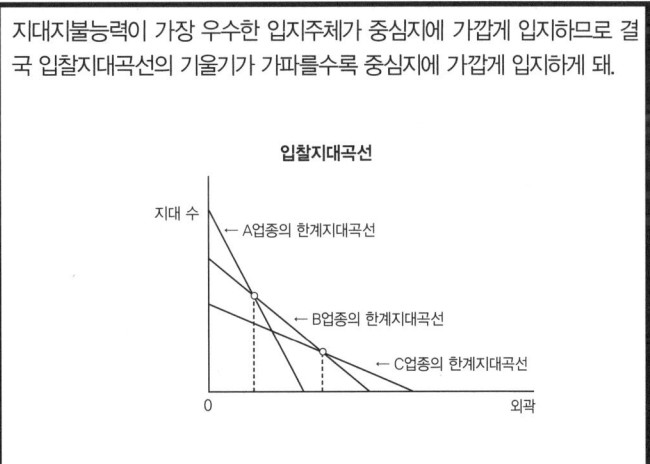

주거입지는 주거비용과 교통비용에 의해 결정되는데...

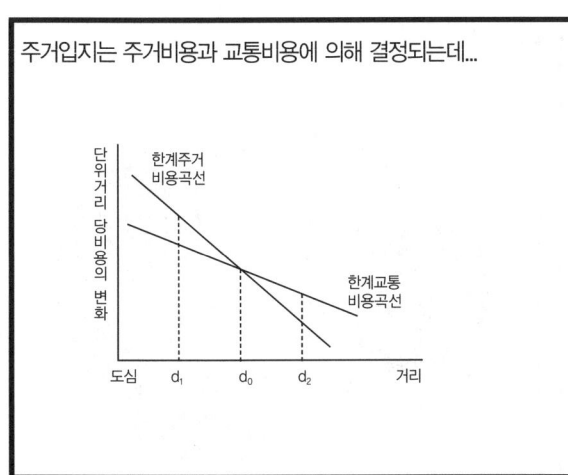

한계주거비용이 한계교통비용보다 높으면 외곽으로 이전하고....

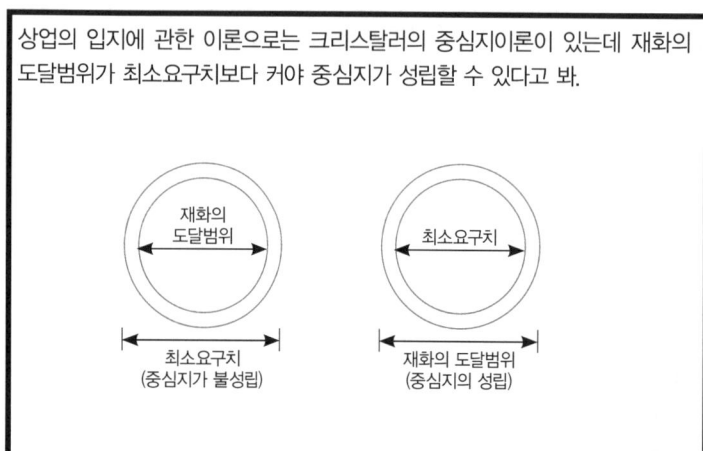

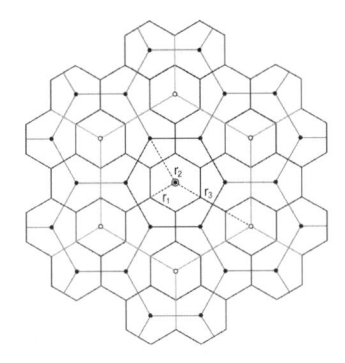
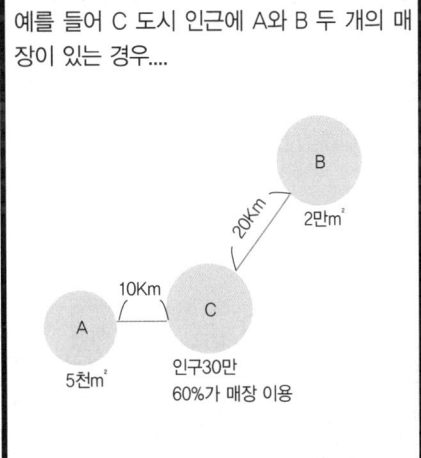

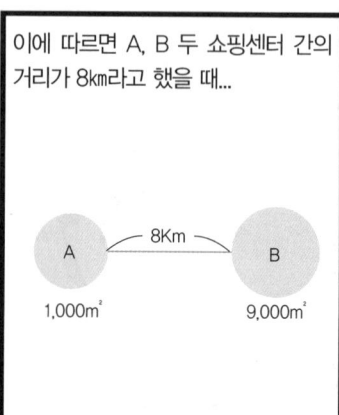

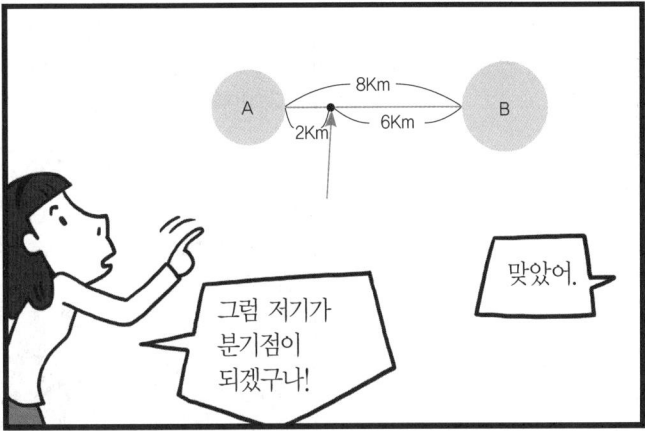

공업입지에 관해서는 베버의 최소비용이론이 있는데 산업입지의 중요요인인 수송비, 임금, 집적력 중에서

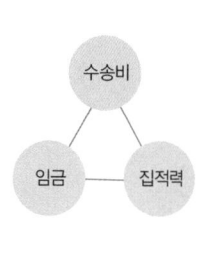

수송비를 가장 중요한 요소로 보고 최소의 운송비가 드는 지점에서 입지가 이루어진다는 내용이야.

여기가 최소운송비 지점!

이때 수송비는 거리와 중량에 비례하지.

무거운 물건을 멀리 수송할수록 운송비가 많이 들죠.

공업입지 역시 산업의 종류에 따라 유형이 다르게 나타나는데....

- 원료지향형
- 시장지향형
- 노동지향형
- 집적지향형
- 중간지향형

원료지향형은 중량이 감소하는 산업이나 원료의 부패가 심한 산업이 이에 해당해.

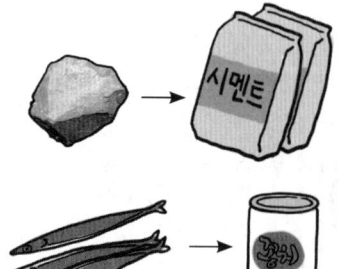

시장지향형은 중량이 증가하는 산업이나 완제품의 부패 심한 산업이 이에 해당하지.

노동지향형은 노동집약적이고 미숙련공을 많이 사용하는 산업으로 저임금지역에 주로 입지해.

집적지향형은 기술의 연관성이 커서 집적 이익을 얻을 수 있는 산업이 이에 해당하고...

중간지향형은 제품이나 원료의 수송수단이 바뀌는 적환지점에 입지해 운송비 절감효과를 얻을 수 있는 산업이 이에 해당해.

빈출 핵심용어

유량 (流量, flow) ☑ 제31회	일정기간에 걸쳐서 측정하는 변수 예) 임대료수입, 신규주택공급량, 주택거래량, 부동산 회사의 당기순이익, 국민총생산
저량 (貯量, stock) ☑ 제35회	어떤 특정시점을 기준으로 파악된 경제조직 등에 존재하는 또는 경제주체가 소유하는 재화 전체의 양을 말한다. 예) 주택재고량, 국부, 보유부동산의 시장가치, 인구, 재산총액, 외환보유액, 외채
대체재 (代替財) ☑ 제26회, 제27회, 제32회	재화 중 동일한 효용을 얻을 수 있는 재화로, 한 재화의 가격 변동(상승 또는 하락)에 따라 다른 한 재화의 수요가 변동(증가 또는 감소)하는 경우를 말한다. 그 예로 버터와 마가린 또는 쌀과 보리쌀과 같이 대체관계가 있는 재화를 말한다.
보완재 (補完財) ☑ 제26회, 제27회	두 재화를 동시에 소비할 때 효용이 증가하는 재화를 말한다. 즉, 두 재화 중 한 재화의 수요가 증가하면 다른 재화의 수요도 증가하고, 한 재화의 가격이 상승하면 두 재화의 수요 모두 감소하는 관계의 재화를 말한다. 그 예로 실과 바늘 또는 자동차와 가솔린, 안경테와 안경알 등이 있다.
열등재 (劣等財)	소득이 증가함에 따라 그 수요가 감소하는 재화로, 하급재라고도 한다. 열등재는 소득이 증가(감소)하면 수요가 감소(증가)하여 수요곡선이 좌하향(우상향)으로 이동한다. ◆참고) 기펜재(Giffen's good) 일반재화는 가격이 하락하면 수요량이 증가하는데, 열등재 중에서 재화의 가격이 하락하면 오히려 그 재화의 수요가 감소하여 수요법칙의 예외인 재화를 기펜재(Giffen's goods)라 한다.
균형가격 (均衡價格) ☑ 제25회, 제26회, 제28회, 제29회, 제31회~제34회	상품의 수요와 공급이 균형을 이룰 때 성립하는 가격으로서, 경제학자 마샬은 시간의 장단에 따라 일시균형, 단기균형, 장기균형으로 구분하였다. 토지와 건물 공급은 비탄력적이어서 시장에 균형이 이루어지기 어렵다. 이는 감정평가가 필요한 이유가 된다.
균형거래량 (均衡去來量) ☑ 제25회, 제28회~제30회, 제32회~제34회	수요량과 공급량이 균등해지는 지점에서 결정되는 거래량을 균형거래량이라 한다. 즉, 수요곡선과 공급곡선이 교차하는 점에서의 거래량을 의미한다.
수요·공급의 원칙 (需要·供給의 原則) ☑ 제28회	부동산가격의 원칙의 하나로서, 부동산의 특성으로 인하여 제약을 받지만 부동산가격도 기본적으로 수요와 공급의 상호관계에 의하여 결정된다는 원칙을 말한다. 이는 부증성의 특성으로 인하여 부동산 공급의 양은 절대적으로 한정되어 있으나 일정한 지역에서의 택지의 조성·주택의 신축·용도의 다양성 등을 통하여 공급량의 증감이 가능하다는 논리에 근거한다.

수요의 가격탄력성 (需要의 價格彈力性)
☑ 제27회~제30회, 제32회~제34회

상품의 가격이 올라가면 상품에 대한 수요는 감소하고, 상품의 가격이 하락하면 상품에 대한 수요는 증가한다. 이처럼 상품의 가격에 대한 수요의 변화를 가격탄력성이라 한다. 즉, 가격이 1% 증가하였을 때 수요는 몇 % 증감하는가를 절대치로 나타낸 것을 말한다. 수요의 가격탄력성은 가격이 변화할 때 수요가 얼마나 변화하는가를 나타내는 정량적 지표이다.

$$수요의\ 가격탄력성(Ed) = \frac{수요량의\ 변화율(\%)}{가격의\ 변화율(\%)}$$

수요의 교차탄력성 (需要의 叉彈力性)
☑ 제26회~제28회, 제30회, 제32회~제35회

한 재화의 가격이 변할 때 다른 재화의 수요량이 얼마나 변하는지를 나타내는 지표로서, 한 재화의 수요량의 변화율을 다른 재화의 가격변화율로 나눈 수치이다. 교차탄력성의 부호가 양수인지 음수인지에 따라 두 재화의 관계가 대체재인지 보완재인지가 판정된다. 즉, 교차탄력성이 (+)면 Y재는 X재의 대체재이고, (−)이면 보완재이다. 그리고 교차탄력성이 0이면 독립재이다.

$$수요의\ 교차탄력성 = \frac{Y재\ 수요량의\ 변화율}{X재의\ 가격변화율}$$

수요의 변화 (需要의 變化)
☑ 제29회~제31회, 제32회, 제34회

가격 이외의 다른 요인(소득, 세금, 인구, 이자율, 소비자의 기호, 대체재의 가격 등)들 중에서 하나 이상의 요인이 변하면 동일가격수준에서 그 상품의 수요량이 변화하는 것을 말한다. 이 경우에는 수요곡선 자체가 이동한다.

참고 수요의 변화와 수요량의 변화

수요의 변화(需要의 變化)	수요량의 변화(需要量의 變化)

• 원인: 가격 이외의 다른 결정요인(소득수준, 인구수, 소비자의 선호, 다른 재화의 가격 등)의 변화
• 수요곡선 자체의 이동이 발생
• 좌측(좌하향)이동 ⇨ 수요 감소
  우측(우상향)이동 ⇨ 수요 증가
	• 원인: 해당 재화의 가격변화로 그 재화의 수요량이 변화하는 것
	• 수요곡선상에서의 점의 이동이 발생
	• 가격상승 ⇨ 수요량 감소
	  가격하락 ⇨ 수요량 증가

수요의 소득탄력성 (需要의 得彈力性) ☑ 제30회, 제33회, 제35회	소비자의 소득이 변할 때 어느 재화의 수요량이 얼마나 변하는지를 나타내는 지표로서, 수요량의 변화율을 소득의 변화율로 나눈 수치이다. 소득탄력성은 부호에 따라 정상재와 열등재로 구분하며, 정상재는 수요량과 소득이 같은 방향으로 움직이므로 소득탄력성이 (+)이고, 열등재는 수요량과 소득이 반대 방향으로 움직이므로 (−)이다. $$수요의\ 소득탄력성 = \frac{수요량의\ 변화율}{소득의\ 변화율}$$
공급곡선 (供給曲線) ☑ 제26회, 제27회, 제31회	공급함수나 공급의 법칙이 특정의 재화나 용역에 대하여 현실적으로 나타나고 있는 현상을 그래프에 나타낸 것을 말하며, 공급곡선이 수직선이면 완전비탄력적, 수평선이면 완전탄력적이라 한다.
공급의 가격탄력성 (供給의 格彈力性) ☑ 제27회, 제29회, 제30회, 제32회~제34회	가격의 변화율에 대한 공급량의 변화율의 정도를 말한다. 공급의 탄력성이 1보다 크면 탄력적, 1보다 작으면 비탄력적이고, 1이면 단위탄력적이라 한다. $$공급의\ 가격탄력성(E_s) = \frac{공급량의\ 변화율(\%)}{가격의\ 변화율(\%)}$$
공급의 변화 (供給의 變化) ☑ 제27회, 제28회	가격 이외의 다른 요인의 변화로 공급곡선 자체의 이동이 발생하는 것을 '공급의 변화'라 하고, 해당 재화의 가격변화로 인한 공급곡선상의 변화를 '공급량의 변화'라고 한다.

◆참고 공급의 변화와 공급량의 변화

공급의 변화 (供給의 變化)	공급량의 변화 (供給量의 變化)

• 원인: 가격 이외의 다른 결정요인(기술수준, 생산요소의 가격, 다른 재화의 가격, 경기전망 등)의 변화
• 공급곡선 자체의 이동이 발생
• 좌측(좌상향)이동 ⇨ 공급 감소
  우측(우하향)이동 ⇨ 공급 증가
	• 원인: 해당 재화의 가격변화로 그 재화의 공급량이 변화하는 것
	• 공급곡선상에서의 이동이 발생
	• 가격상승 ⇨ 공급량 증가
	  가격하락 ⇨ 공급량 감소

경기변동 (=경기순환)
☑ 제25회, 제26회, 제29회, 제31회, 제33회

경기순환이라고도 하며 국민소득수준, 고용 등과 이에 따르는 경제활동의 상승과 하강의 주기적 반복현상을 말한다.

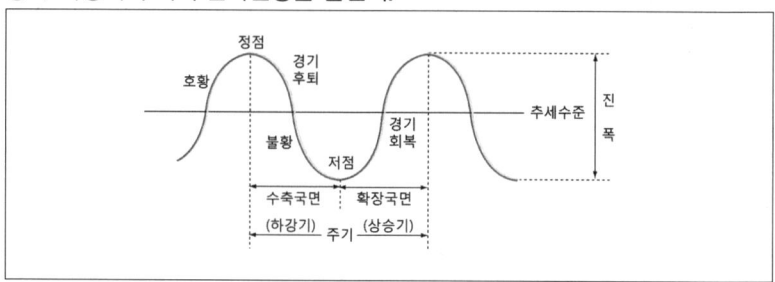

◆참고 부동산 경기변동의 특징

1. 부동산경기는 일반적으로 일반경기에 비해 주기는 길고 진폭은 크다.
2. 부동산경기는 지역적 · 부문별 · 개별적 · 국지적으로 나타나서 전국적 · 광역적으로 확대된다.
3. 경기순환의 국면이 불분명 · 불명확 · 불규칙 · 뚜렷하지 않고 일정하지 않다.
4. 부동산경기의 회복은 서서히 진행되고, 후퇴는 빠르게 진행된다.
5. 부동산경기는 타성기간이 장기이다. 이 때문에 부동산경기는 일반경기에 민감하게 작용하지 못한다.

거미집이론
☑ 제25회, 제27회, 제31회, 제32회, 제34회

미국의 주기적인 돼지와 옥수수의 가격파동분석에서 유래되었다. 수요량은 가격에 대하여 즉각적으로 반응하나 공급량은 생산기간이 필요하기 때문에 시차를 두고 반응한다는 시장균형에 대한 동적 이론으로서, 에치켈(M. J. Eziekel)에 의하여 분석이 이루어졌다. 부동산시장은 주기적으로 초과수요와 초과공급을 반복하며 가격폭등과 폭락을 반복하는 과정을 통하여 시장균형에 도달한다는 이론이다.

◆참고 거미집모형의 유형

① 수렴형: 시간이 경과하면서 새로운 균형으로 접근하는 경우이다. 공급곡선의 기울기의 절댓값이 수요곡선의 기울기의 절댓값보다 큰 경우에 나타난다.
- |수요곡선의 기울기| < |공급곡선의 기울기|
- 수요의 가격탄력성 > 공급의 가격탄력성

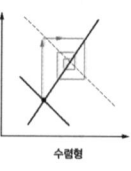

② 발산형: 시간이 경과하면서 새로운 균형에서 점점 멀어지는 경우이다. 공급곡선의 기울기의 절댓값이 수요곡선의 기울기의 절댓값보다 작은 경우에 나타난다.
- |수요곡선의 기울기| > |공급곡선의 기울기|
- 수요의 가격탄력성 < 공급의 가격탄력성

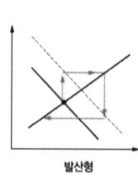

③ 순환형: 시간이 경과하면서 새로운 균형점에 접근하지도, 멀어지지도 않는 경우이다. 수요곡선과 공급곡선의 기울기의 절댓값이 같은 경우에 나타난다.
- |수요곡선의 기울기| = |공급곡선의 기울기|
- 수요의 가격탄력성 = 공급의 가격탄력성

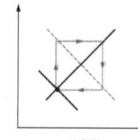

부동산시장
(不動産市場)
☑ 제25회~제28회, 제31회, 제33회

매수자와 매도인에 의해 부동산의 교환이 자발적으로 이루어지는 곳으로 부동산권리의 교환, 상호 유리한 가액으로 가액결정, 공간균배, 수요와 공급의 조절을 돕기 위해 의도된 상업활동을 하는 곳을 말한다.

> **참고** 부동산시장의 특성
> 1. 시장의 국지성(지역성)
> 2. 거래의 비공개성(은밀성)
> 3. 부동산상품의 개별성(비표준화성)
> 4. 시장의 비조직성
> 5. 수급조절의 곤란성
> 6. 매매기간의 장기성
> 7. 법적 제한 과다 등

부동산정책
(不動産政策)
☑ 제26회~제28회, 제30회, 제33회~제35회

국민 전체의 공통된 생활기반인 부동산을 둘러싼 제반문제를 해결 내지는 개선함으로써 부동산과 인간의 관계를 보다 합리적인 것으로 하려는 공적인 노력을 말한다. 부동산활동 중 공적 부동산활동을 가리키는 말이며, 토지의 이용 증대와 지가보상의 합리화, 지가형성의 합리화, 주택문제의 개선, 주택 수요의 원활화 등을 달성하기 위한 시책을 세우는 것을 말한다.

공공주택정책
(公共住宅政策)
☑ 제31회, 제33회~제35회

임대주택정책의 하나로서, 정부가 시장임대료보다 저렴한 가격으로 임대주택을 제공하는 정책을 말한다.

> 「공공주택 특별법 시행령」 제2조【공공임대주택】
> 1. 영구임대주택: 국가나 지방자치단체의 재정을 지원받아 최저소득 계층의 주거안정을 위하여 50년 이상 또는 영구적인 임대를 목적으로 공급하는 공공임대주택
> 2. 국민임대주택: 국가나 지방자치단체의 재정이나 「주택도시기금법」에 따른 주택도시기금(이하 "주택도시기금"이라 한다)의 자금을 지원받아 저소득 서민의 주거안정을 위하여 30년 이상 장기간 임대를 목적으로 공급하는 공공임대주택
> 3. 행복주택: 국가나 지방자치단체의 재정이나 주택도시기금의 자금을 지원받아 대학생, 사회초년생, 신혼부부 등 젊은 층의 주거안정을 목적으로 공급하는 공공임대주택
> 3의2. 통합공공임대주택: 국가나 지방자치단체의 재정이나 주택도시기금의 자금을 지원받아 최저소득 계층, 저소득 서민, 젊은 층 및 장애인·국가유공자 등 사회 취약계층 등의 주거안정을 목적으로 공급하는 공공임대주택
> 4. 장기전세주택: 국가나 지방자치단체의 재정이나 주택도시기금의 자금을 지원받아 전세계약의 방식으로 공급하는 공공임대주택
> 5. 분양전환공공임대주택: 일정 기간 임대 후 분양전환할 목적으로 공급하는 공공임대주택
> 6. 기존주택등매입임대주택: 국가나 지방자치단체의 재정이나 주택도시기금의 자금을 지원받아 제37조 제1항 각 호의 어느 하나에 해당하는 주택 또는 건축물(이하 "기존주택등"이라 한다)을 매입하여 「국민기초생활 보장법」에 따른 수급자 등 저소득층과 청년 및 신혼부부 등에게 공급하는 공공임대주택
> 7. 기존주택전세임대주택: 국가나 지방자치단체의 재정이나 주택도시기금의 자금을 지원받아 기존주택을 임차하여 「국민기초생활 보장법」에 따른 수급자 등 저소득층과 청년 및 신혼부부 등에게 전대(轉貸)하는 공공임대주택

분양가상한제 (分讓價上限制) ☑ 제27회, 제32회, 제33회	분양가 규제를 통하여 주택 가격을 안정시키기 위한 목적으로 정부가 공공택지 내 아파트, 재개발, 재건축, 주상복합 등을 포함한 민간주택의 원가에 적정 수익률을 더해 분양가를 결정하는 것을 말한다. 분양가상한제는 1989년 처음 시행된 이후 1999년 분양가가 전면 자율화됨에 따라 사라졌다가 2007년 주택가격 안정화 조치의 일환으로 전면 시행되었다. 분양가상한제 적용주택의 분양가격은 택지비와 건축비로 구성된다.
토지은행제도 (土地銀行制度, 토지비축제도) ☑ 제25회, 제28회	공공이 장래에 필요한 토지를 미리 확보하여 보유하는 제도로 토지선매를 통해 장래에 필요한 공공시설용지를 적기에 저렴한 수준으로 공급할 수 있다. 개인 등에 의한 무질서하고 무계획적인 토지개발을 막을 수 있어서 효과적인 도시계획목표의 달성에 기여할 수 있다.
외부효과 (外部效果) ☑ 제26회, 제28회	시장기구 밖에서 나타나는 현상으로, 다른 경제주체에게 이익을 가져다주는 것을 외부경제라 하고, 반대로 손해를 끼치는 행위를 외부불경제라 한다.
부동산조세 (不動産組稅) ☑ 제25회, 제28회, 제29회, 제31회~제34회	부동산을 과세대상으로 하여 부여하는 조세로서, 토지와 건물 등의 부동산을 취득·소유하는 경우, 이용(임대)하는 경우, 처분(양도)하는 경우 등에 부과되는 조세를 말한다. 부동산조세는 부동산자원배분과 소득재분배, 지가안정, 주택문제 해결의 기능이 있다.
부동산투자 (不動産投資) ☑ 제25회~제28회, 제33회	장래 불확실한 수익을 위하여 현재의 확실한 소비를 희생하는 경우로서 정당한 기대이익을 목적으로 필요량의 부동산을 취득하는 것을 말하며, 아파트나 점포 등 항구적 용도의 자산을 대상으로 한다.
부동산투자분석 (不動産投資分析) ☑ 제25회~제29회	투자자가 특정부동산에 관한 과거의 자료 및 기타 시장자료의 분석을 바탕으로, 투자로부터 기대되는 수입과 지출에 대한 추계를 하는 것을 말한다.
현재가치 (現在價値) ☑ 제25회, 제26회, 제28회, 제30회, 제33회	미래에 발생할 일정금액을 현재의 시점에서 평가한 가치이다. 현재가치를 줄여서 '현가'라고도 한다.
순현재가치 (純現在價値, NPV) ☑ 제26회~제28회, 제32회, 제33회	순현재가치는 줄여서 '순현가'라고도 하며 순현가법은 부동산투자분석기법에서 할인현금흐름분석법 중의 하나이다. 투자대상 부동산에 투입되는 비용과 산출되는 수익의 차액을 말한다. 순현가 = 현금유입의 현재가치 − 현금유출의 현재가치

할인현금흐름분석법 (割引現金 흐름分析法) ☑ 제26회, 제28회, 제30회, 제32회	장래 예상되는 현금수입과 지출을 현재가치로 할인하고 이것을 서로 비교하여 투자판단을 하는 방법이다.
포트폴리오이론 (Portpolio理論) ☑ 제30회, 제32회, 제33회	투자가들이 투자자금을 여러 종류의 자산에 분산투자하게 될 때, 투자자가 소유하는 여러 종류의 자산의 집합을 포트폴리오라고 말한다. 포트폴리오이론이란 투자결정 시 여러 개의 자산에 분산투자함으로써 하나에 집중되어 있을 때 발생할 수 있는 위험을 제거하여 분산된 자산으로부터 안정된 결합편익을 획득하도록 하는 자산관리의 방법이나 원리를 의미한다.
수익률 (收益率) ☑ 제25회~제27회, 제29회, 제33회, 제35회	투하된 자본에 대한 산출의 비율로서 부동산투자에 대한 의사결정 시 가장 중요한 변수 중 하나이다. $$수익률 = \frac{순수익}{투하자본}$$ 수익률에는 기대수익률(내부수익률), 요구수익률, 실현수익률의 세 가지가 있다.

기대수익률 (내부수익률)	투자대상으로부터 투자로 인해 기대되는 예상수익률을 말한다.
요구수익률 (기회비용)	투자에 대한 위험이 주어졌을 때 투자가가 대상부동산에 자금을 투자하기 위해 충족되어야 할 최소한의 수익률을 말한다.
실현수익률	투자가 이루어지고 난 후에 현실적으로 달성된 수익률을 말한다.

내부수익률 (內部收益率, IRR) ☑ 제30회, 제32회~제34회	현금유입의 현가와 현금유출의 현가를 동일하게 하는 할인율을 말한다. 즉, 순현가가 0이 되게 하는 할인율을 말한다. 내부수익률법이란 내부수익률이 요구수익률보다 높을 경우 투자안을 채택하고 낮을 경우 기각하는 투자의사결정방법을 말한다.
요구수익률 (要求收益率) ☑ 제26회, 제27회, 제32회, 제33회, 제35회	투자가 이루어지기 위해서 최소한 요구되는 수익률을 말하며, 투자에 대한 기회비용을 충당할 수 있을 만큼의 수익률이 된다. 요구수익률에는 시간에 대한 비용과 위험에 대한 비용이 들어 있다. 요구수익률 = 무위험률(기회비용) + 위험할증률 + 예상인플레이션
평균수익률법 (平均收益率法, = 회계적 수익률법, 회계적 이익률법)	연평균 투자액 또는 총투자액에 대한 평균 순수익(평균 세후이익)의 비율을 구하여 투자안을 평가하는 방법이다. 회계수익률법, 회계적 이익률법이라고도 한다. $$회계적\ 이익률 = \frac{평균\ 세후이익}{연평균\ 투자액}$$

자기자본수익률 (自己資本收益率) ☑ 제25회, 제27회, 제33회	자기자본에 대한 당기순이익의 비율을 말한다. 즉, 자기자본의 효율성을 측정하는 데 이용되는 지표로 당기순이익을 자본총계로 나눈 뒤 100을 곱한 값이다. 자기자본수익률 = (전체수익 − 이자비용)/지분투자액
순소득승수 (純所得乘數) ☑ 제26회, 제33회	순영업소득에 대한 총투자액의 배수를 말하며, 자본회수기간이라고도 한다.
가능조소득 (可能粗所得, PGI ; Potential Gross Income)	영업수지 계산과정의 첫 번째 단계로 투자부동산에서 얻을 수 있는 최대한의 임대료 수입을 뜻한다. 이는 임대단위수에 임대료를 곱하여 구할 수 있다. 가능조소득 = 임대단위수 × 임대료
유효조소득 (有效粗所得, 유효총소득) ☑ 제26회	가능조소득에서 공실 및 불량채무에 대한 충당금을 빼고 기타소득을 더한 것을 말한다.
종합자본환원율 (綜合資本還元率) ☑ 제26회, 제31회	부동산평가에서 흔히 쓰이며 총투자액에 대한 순영업소득의 비율이다. 종합환원율이라고도 한다.
부채감당률 (負債勘當率) ☑ 제26회, 제28회, 제34회	순영업소득이 부채서비스액의 몇 배가 되는가를 나타내는 비율을 말한다. 이 비율이 클수록 원리금 상환능력이 크다. 부채감당률 = $\dfrac{\text{순영업소득}}{\text{부채서비스액}}$
부채감당법 (負債勘當法)	자본환원율 결정방법 중의 하나로 1975년에 게텔(Gettel)이 부채감당률을 이용하는 방법을 개발하였다. 부채감당법은 대출자(저당투자자)의 입장에서 자본환원율을 계산하며, 환원이율 구성요소는 대출자의 대출시 적용하는 기준으로 구성된다. 자본환원율 = 부채감당률 × 대부비율 × 저당상수

지렛대효과 (Leverage effect) ☑ 제27회, 제31회	타인으로부터 빌린 차입금을 지렛대로 삼아 자기자본수익률을 높이는 효과를 말하는데, 이는 차입금이 지분수익을 어떻게 증가 또는 감소시키는가를 의미하는 것이다. 이는 수익금 지렛대효과와 수익률 지렛대효과로 나뉜다. • 정(+)의 지렛대효과: 총자본수익률 < 자기자본수익률 • 부(−)의 지렛대효과: 총자본수익률 > 자기자본수익률
수익성지수 (收益性指數, PI) ☑ 제25회, 제26회, 제31회	투자로부터 발생하는 현금유입의 현재가치를 현금 지출의 현재가치로 나눈 값을 의미한다. 수익성지수가 1보다 크면 현금유입의 현재가치가 현금지출의 현재가치보다 크다는 것이기 때문에 투자안을 채택하게 된다. 여러 가지 투자 사업 중에서 한 가지를 선택해야 하는 경우라면 수익성지수가 1보다 큰 투자안 중 더 큰 사업을 채택한다.
부동산금융 (不動産金融) ☑ 제25회~제28회	일정한 자금을 확보하여 그것을 무주택서민과 주택건설업자에게 장기저리로 대출해줌으로써 주택의 공급을 확대하는 한편 주택구입을 용이하도록 하는 특수금융을 말한다. 이에는 주택개발금융(건축대부)과 주택소비금융(저당대부)이 있다.
프로젝트 금융 (Project Financing) ☑ 제25회, 제27회, 제29회, 제30회	프로젝트에 대한 다양한 금융조달방식을 말하며, 부동산 담보대출 대신 사업의 수익성을 담보로 회사채를 발행하여 자금조달을 하는 방법이고 자금을 대는 측과의 일종의 공동사업형태라고 할 수 있다. 따라서 프로젝트 파이낸싱은 사업성이 담보가 되며 개인적인 채무가 없는 비소구금융(非遡求金融)이다.
원금균등분할상환 (元金均等分割償還) ☑ 제26회, 제27회, 제29회, 제32회, 제33회, 제35회	대출원금을 융자기간으로 나눈 할부 상환금에 월별잔고에 대한 이자를 합산하여 납부하는 방식이다. 원금액은 동일하나 이자지불액은 원금을 갚아나가면서 조금씩 줄어듦에 따라 매 기간 적어지게 된다. 따라서 원금균등상환방식은 초기에는 월부금이 많이 지급되고 후기에는 점차 줄어들기 때문에 대출자 입장에서는 차입자에게 원금균등분할상환방식으로 대출해 주는 것이 원금회수 측면에서 보다 안전하다. 참고 원금균등분할상환, 원리금균등분할상환, 점증상환의 비교 1. 원금균등(CAM): 원금불변, 이자감소, 원리금감소, 초기회수 빠름, 잔금↓ 2. 원리금균등(CPM): 원금증가, 이자감소, 원리금불변, 기간 3분의 2, 원금 2분의 1 상환 3. 점식상환(GPM): 원리금증가, 인플레 고려, 미래·젊은·짧은 유리, 부의 상환(초기), 초기회수 느림, 잔금↑
원리금균등분할상환 (元利金均等分割償還) ☑ 제26회, 제27회, 제29회, 제31회~제33회, 제35회	일반적으로 사용되는 상환방식으로 매기간 원금과 이자의 합계가 균등한 저당이다. 초기에는 원리금 중 이자가 차지하는 부분이 많으나 후기에는 원금상환 비중이 커지며, 대출만기 일자에 대출원금은 완전히 상환된다.

소매인력법칙 (小賣引力法則) ☑ 제25회~제27회, 제29회	레일리(W. J. Reilly)의 소매인력법칙은 두 도시의 중심지 사이에 위치하는 소비자에 대하여 두 도시의 상권이 미치는 범위와 그 경계를 설명하기 위한 이론이다. 두 도시의 중간에 위치하는 지역에 대하여 두 도시의 상권이 미치는 범위는 두 도시의 인구에 비례하고, 두 도시로부터 거리의 제곱에 반비례한다는 이론이다.
주택금융 (住宅金融) ☑ 제25회, 제33회	주택의 구입, 개·보수, 건설 등 주택관련 사업에 대한 자금대여와 관리 등을 포괄하는 특수 금융으로서 그 주요기능은 자금을 최대한 동원하고 이의 효율적 배분을 통하여 주택의 생산과 거래를 원활하게 함으로써 무주택 서민과 주택건설업자에게 장기저리로 대출해 줌으로써 주택의 공급을 확대하는 한편 주택구입을 용이하게 하는 제도라 할 수 있다.
부동산투자회사 (不動産投資會社) ☑ 제25회~제27회, 제29회, 제30회, 제33회, 제34회	소액투자자들에게 지분권을 판매하여 수집한 자금을 부동산에 투자하고, 발생한 수익을 투자자에게 돌려주는 회사 또는 조합을 말한다. 우리나라는 신탁이나 조합형태의 부동산투자회사는 불가능하고 회사형태로만 부동산투자회사를 설립할 수 있다.「부동산투자회사법」제2조에 따르면 현재 부동산투자회사는 자기관리 부동산투자회사, 위탁관리 부동산투자회사, 기업구조조정 부동산투자회사의 3가지 형태로 되어 있다.
모기지 (Mortgage)	채무변제를 위한 양도저당 또는 동산을 담보로 해서 필요한 자금을 융통하는 것을 말한다. 이때 차입자를 피저당권자 또는 저당권설정자(Mortgager)라고 하고, 대출자를 저당권자(Mortgagee)라 한다.
자산유동화증권 (ABS; Asset Backed Securities) ☑ 제34회	자산유동화증권 또는 자산담보부증권은 금융기관 및 기업 등이 보유하고 있는 대출채권, 매출채권, 부동산저당채권 등 업무상 가지고 있는 보유자산 중 일부를 유동화자산으로 집합(Pooling)하여 이를 바탕으로 증권을 발행하고, 유동화자산으로부터 발생하는 현금흐름으로 발행증권의 원리금을 상환하는 증권을 말한다. 우리나라의 자산유동화증권제도는「자산유동화에 관한 법률」에 의해 도입되었다.
주택저당증권 (MBS; Mortgage Backed Securities) ☑ 제26회, 제27회, 제30회, 제34회	금융기관 등이 주택자금을 대출하고 취득한 주택저당증권을 유동화전문회사 등에 양도하고 유동화전문회사 등이 이들 자산을 기초로 증권을 발행하여 투자자에게 매각함으로써 주택자금을 조성하는 제도이다. 주택저당증권은 발행형태에 따라 증권 또는 채권형태로 나뉘며, 그 종류로는 이체증권(MPTS), 저당채권(MBB), 원리금이체채권(MPTB), 다계층채권(CMO)이 있다.
채권형 MBS (債券型 MBS)	저당대출의 현금흐름과 소유권을 발행기관이 가지면서, 저당대출을 담보로 하여 자신의 부채로 발행되는 MBS를 말한다.

지분형 MBS (持分型 MBS)	저당대출 집합에서 발생되는 현금흐름에 대한 지분과 저당대출의 소유권을 모두 투자자에게 매각하는 방식으로 발행되는 MBS(주택저당증권)이다.
부동산관리 (不動産管理) ☑ 제25회~제27회, 제30회, 제33회, 제35회	부동산을 그 목적에 맞게 최유효한 이용을 할 수 있도록 부동산의 취득·유지·보존·개량과 그 운용에 관한 일체의 행위를 말하며, 개인 소유의 소규모 부동산으로부터 국가의 토지자원에 이르기까지 광범위하게 활용되지만 주로 도시의 각종 개발에 관한 관리활동을 능률화하는 원리와 그 응용기술을 개척하는 연구분야이다. 부동산관리에는 시설관리, 자산관리, 기업관리의 세 가지가 있다.

▶참고 부동산 관리의 세가지 영역

시설관리(유지관리)	건물 및 임대차관리 (재산관리)	자산관리(투자관리)
• 시설을 운영·유지 • 소극적 관리	• 재산관리(부동산관리) • 임대 및 수지관리	• 부동산가치 증가 • 적극적 관리
• 설비의 운전·보수 • 에너지관리 • 청소관리 • 방범 · 방재	• 수입목표수립 • 임대차 유치 및 유지 • 지출계획수립 • 비용통제	• 부동산의 매입과 매각 • 포트폴리오 관리 • 투자 리스크 관리 • 재투자·재개발 결정 • 프로젝트 파이낸싱

내용연수 (耐用年數) ☑ 제26회, 제33회	건축 등의 고정자산을 경제적으로 사용할 수 있는 연한, 즉 감가상각자산의 수명을 말한다. 내용연수에는 물리적· 경제적 내용연수가 있으며, 부동산활동에서는 물리적 내용연수보다 경제적 내용연수가 더 중요하다.

물리적 내용연수	부동산을 정상적으로 관리했을 경우에 물리적으로 존속 가능한 기간으로 순수한 기술적 개념이다.
경제적 내용연수	부동산의 유용성이 지속될 것으로 예측되는 사용가능한 기간, 즉 임대수익을 얻을 수 있는 기간으로 물리적 내용연수보다 그 기간이 짧다.

건물의 내용연수 (建物의 耐用年數) ☑ 제26회	건물이 신축된 후 수명이 다하기까지, 즉 건물의 유용성의 지속연수를 말한다. 보통 건물수명을 말한다. 내용연수에는 물리적 내용연수, 기능적 내용연수, 경제적 내용연수 및 법적 내용연수가 있다.
건물의 수명성 (建物의 壽命性) =건물의 생애주기 ☑ 제26회	건물이 신축되어 그의 내용연수가 전부 만료되어 철거되기까지 일정한 법칙적인 현상을 일으키는데, 이러한 현상을 거치면서 건물의 수명이 다하는 기간을 말한다. 건물의 생애주기는 '전(前) 개발단계 ⇨ 신축단계 ⇨ 안정단계 ⇨ 노후단계 ⇨ 완전폐물단계'로 구분된다.

부동산마케팅 (不動産Marketing, real estate marketing) ☑ 제26회, 제28회, 제32회~제34회	부동산과 부동산업에 대한 태도나 행동을 형성·유지·변경하기 위하여 수행하는 활동을 말한다. 즉, 부동산에 대한 필요를 만족시켜 주기 위해 지향된 인간활동을 말한다. 물적 부동산, 부동산서비스, 부동산증권의 세 가지 유형의 부동산제품을 사고팔고 임대차하는 것을 말한다.
시장점유 마케팅전략 (市場占有 Marketing 戰略) ☑ 제26회, 제33회	부동산 마케팅전략 중의 하나로 표적시장을 선점하거나 틈새시장을 점유하고자 하는 공급자 차원의 전략을 말한다. 세부적 전략으로는 STP 전략(시장세분화전략, 표적시장전략, 차별화전략)과 4P 믹스전략(제품, 가격, 유통경로, 판매촉진) 등이 있다.
STP 전략 (STP 戰略) ☑ 제26회, 제32회	시장점유 마케팅전략의 하나로 STP 전략은 전통적인 전략이다. 여러 가지 기준으로 수요자집단을 세분화하고, 세분화된 시장 중에서 표적시장을 선정하고, 표적시장에서 다른 경쟁자들과 자신의 제품을 차별화하여 경쟁적 위치를 정하는 전략을 말한다.
4P MIX ☑ 제27회, 제31회, 제35회	제품(product), 가격(price), 유통경로(place), 홍보(판촉: promotion)의 제 측면에 있어서 차별화를 도모하는 전략을 말하며 주로 상업용 부동산의 마케팅에서 사용되고 있다.
AIDA원리 (AIDA原理) ☑ 제34회	AIDA원리는 주의(attention), 관심(interest), 욕망(desire), 행동(action)의 단계를 통해 공급자의 욕구를 파악하여 마케팅 효과를 극대화하는 고객점유마케팅 전략의 하나이다.
부동산개발 (不動産開發) ☑ 제25회~제28회, 제35회	인간에게 생활, 작업 및 쇼핑·레저 등의 공간을 제공하기 위하여 토지를 개량하는 활동으로서, 건축에 의한 개량과 조성에 의한 개량의 두 가지가 있다. 부동산개발의 과정은 아이디어(구상단계) ⇨ 예비적 타당성 분석(전실행가능성 분석단계) ⇨ 부지의 모색과 확보(부지구입단계) ⇨ 타당성 분석(실행가능성 분석단계) ⇨ 금융단계 ⇨ 건설단계 ⇨ 마케팅단계 순이다.
부동산개발업 (不動産開發業) ☑ 제27회, 제30회, 제31회	지역주민들이나 지방자치단체, 민간기업 등에 의하여 주택단지를 조성하거나 재개발하여 분양하거나 개발택지에 주택·사무실·상점 등 여러 가지 건물을 세워 토지를 최유효의 이용상태로 만들어 유용성을 높이는 부동산업으로서, 이는 도시재개발사업과 신도시개발업으로 나누어진다.

시장성 분석 (市場性 分析) ☑ 제25회, 제31회	구체적으로 시장성이 있는 부동산상품의 특성 확인, 경쟁임대료 및 분양가 확인, 시장에서 공급되어야 할 양, 시장흡수율, 분양에 영향을 미치는 비가격적 요인 및 금융조건의 확인, 목표구매자의 설정, 각 목표시장에 가장 효과적인 마케팅전략의 작성과정 등을 말한다.
타당성 분석 (安當性 分析) ☑ 제28회	주로 공법상 규제분석 등의 법적·물리적·경제적 타당성 등을 말한다. 가장 중요한 것은 경제적 타당성에 대한 분석이며 순현가법과 내부수익률법에 의하여 그 채산성을 판단하여야 한다.
민감도 분석 (敏感度 分析, 감응도 분석) ☑ 제26회, 제31회, 제32회, 제34회	위험의 내용이 산출결과에 따라 어떠한 영향을 미치는가를 파악하는 방법으로서 투자효과를 분석하는 모형의 투입요소에 따라 그 산출결과가 어떠한 영향을 받는가를 분석하는 기법이다. 이는 임대료, 영업비, 공실률, 감가상각방법, 보유기간, 가치상승 등의 투자수익에 영향을 줄 수 있는 구성요소들이 변화함에 따라 투자에 대한 순현가나 내부수익률이 어떻게 변화하는가를 분석하는 것이다.
지대 (地代)	지대는 일정기간 동안의 토지서비스의 가격으로 토지소유자의 소득으로 귀속하는 임대료를 말하며, 유량(流量)의 개념이다. 이에 반해 지가는 한 시점에서 자산으로서의 토지 자체의 매매가격으로 저량(貯量)의 개념이다.
준지대 (準地代) ☑ 제26회, 제34회	인간이 만든 기계와 기타 자본설비에서 생기는 소득으로서, 자연의 선물인 토지에서 얻어지는 소득과 구별하기 위하여 마샬(A. Marshall)이 고안한 용어이다. 단기적으로 생산요소의 공급이 상대적으로 고정되어 있기 때문에 발생하는 지대이다. • 준지대=총수입-총가변비용 • 경제지대=생산요소의 총수입-전용수입(기회비용)=생산요소 공급자의 잉여
절대지대설 (絕對地代說) ☑ 제27회, 제28회, 제35회	마르크스(K. Marx), 밀(J. S. Mill) 등에 의하여 주장된 지대이론으로서 토지소유자는 우등지는 물론 최열등지에 대해서도 지대를 요구하므로 토지를 소유함으로써 지대가 발생한다고 하는 이론이다.

◆참고 절대지대설과 차액지대설 비교

구분	절대지대설	차액지대설
발생 원인	• 토지소유권 • 자본주의하에서의 토지사유화와 희소성의 법칙	• 토지의 비옥도 • 수확체감의 법칙 성립 • 지대는 지주의 불로소득
특징	• 한계지에서도 지대 존재 • 소유권만으로도 지대는 성립 • 지대가 곡물가격을 결정	• 한계지에서 지대는 zero • 곡물가격이 지대를 결정

차액지대설 (差額地代說) ☑ 제26회, 제31회	리카도(Ricardo)가 주장한 것으로서, 토지의 비옥도나 위치의 차에 의하여 생기는 지대를 말한다. 비옥도가 다른 동일면적의 두 토지에 동량의 자본과 노동을 투하했을 경우 발생한 차액은 초과이윤으로서 자본가에게 귀속되지 않고 지대로 전환되어 토지소유자의 수중에 들어간다는 것이다.
위치지대설 (位置地代說) ☑ 제30회, 제33회	튀넨(Thünen)이 주장한 이론으로, 지대의 결정은 토지의 비옥도만이 아니라 위치에 따라 달라진다는 위치지대의 개념을 통해 현대 입지이론의 기초를 제공하였다. 튀넨은 농업지역의 동심원적 지대가 형성되는 원리를 수송비(교통비, 단일수송체계)로 설명하였다.
입찰지대이론 (入札地帶理論)	알론소(W. Alonso)가 주장한 이론으로, 당해 토지에 대해 최고 지불능력을 가진 사람이 토지를 차지하여 그에 따라 토지의 용도가 결정된다는 이론이다. 입찰지대란 단위 면적의 토지당 토지이용자가 지불하고자 하는 최대 금액으로 초과이윤이 0이 되는 수준의 지대를 의미한다.
동심원이론 (同心圓理論) ☑ 제25회, 제30회, 제34회	도시공간구조이론의 하나로 버제스에 의해 행해졌다. 접근성과 지가는 도심으로부터 모든 방향으로 규칙적으로 감소된다고 가정하고 도시가 성장함에 따라 도시구조는 외연적으로 확대되어 5개의 지대로 구성된다고 주장한 이론이다. 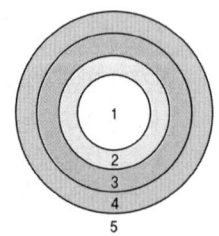 1. 중심업무지구(CBD) 2. 점이지대 3. 저소득층 주거지대 4. 중산층지대 5. 통근자지대
선형이론 (扇形理論) ☑ 제25회, 제28회, 제30회~제32회, 제35회	호이트(Hoyt)가 주장한 이론으로, 도시의 지역구조를 원과 그 중심에서 방사되는 선형상에 따라서 지역구조를 파악하려는 이론이다. 즉, 중심업무지구를 중심으로 교통노선을 따라 개발축이 방사상으로 확대·형성된다는 이론이다. 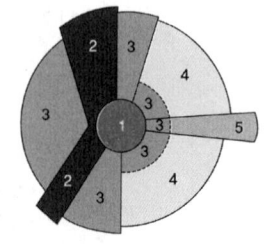 1. CBD 2. 도매·경공업지구 3. 저급주택지구 4. 중급주택지구 5. 고급주택지구

다핵심이론 (多核心理論) ☑ 제25회, 제28회, 제29회, 제33회	해리스(Harris)와 울만(Ullman)이 주장한 이론으로, 동심원설과 선형이론을 결합하여 발전시켰다. 도시토지이용의 패턴은 동심원설이나 선형이론과 같이 단일핵심 주위에 형성되는 것이 아니라 몇 개의 핵심과 그 주위에 형성된다고 주장하였다.
중심지이론 (中心地理論) ☑ 제29회, 제30회, 제33회~제35회	재화의 도달거리와 최소요구치의 관계를 설명한 이론으로서 크리스탈러(W. Christaller)가 주장하였다. 이는 도시의 기능이 주변지역에 상품과 서비스를 생산하여 제공하는 것이라고 본다.
튀넨의 입지권 (Thunen의 入地權)	19세기 독일 경제학자 튀넨의 저서 ≪고립국≫에서 주장한 농업입지론이다. 주요 내용은 다음과 같다. 1. 수송비의 절약이 지대이다. 2. 작물·경제활동에 따라 한계지대곡선이 달라진다. 3. 중심지에 가까운 곳은 집약적 토지이용현상이 나타난다. 4. 가장 많은 지대를 지불하는 입지주체가 중심지와 가장 가깝게 입지한다. 5. 농산물 가격·생산비·수송비·인간의 행태변화는 지대를 변화시킨다.

핵심 기출문제

Theme 01 부동산 수요·공급이론

01 부동산의 수요와 공급에 관한 설명으로 틀린 것은? (단, 부동산은 정상재이며, 다른 조건은 동일함) ▶제34회

① 수요곡선상의 수요량은 주어진 가격에서 수요자들이 구입 또는 임차하고자 하는 부동산의 최대수량이다.
② 부동산의 공급량과 그 공급량에 영향을 주는 요인들과의 관계를 나타낸 것이 공급함수이다.
③ 공급의 법칙에 따르면 가격(임대료)과 공급량은 비례관계이다.
④ 부동산 시장수요곡선은 개별수요곡선을 수직으로 합하여 도출한다.
⑤ 건축원자재의 가격 상승은 부동산의 공급을 축소시켜 공급곡선을 좌측(좌상향)으로 이동하게 한다.

> 해설 ④ 시장 수요곡선은 개별 수요곡선을 수평으로 합하여 구한다.

02 부동산수요 및 공급에 관한 설명으로 틀린 것은? (단, 다른 조건은 일정하다고 가정함) ▶제26회

① 아파트와 단독주택의 관계가 대체재라고 가정할 때 아파트의 가격이 상승하면 단독주택의 수요가 증가하고, 단독주택의 가격은 상승한다.
② 건축기자재 가격이 상승하더라도 주택가격이 변하지 않는다면 주택공급은 감소할 것이다.
③ 주택가격이 상승하면 주거용지의 공급이 감소한다.
④ 완전경쟁시장에서 부동산공급량은 한계비용곡선이 가격곡선과 일치하는 지점에서 결정된다.
⑤ 부동산의 물리적인 공급은 단기적으로 비탄력적이라 할 수 있다.

> 해설 ③ 가격이 상승하면 공급량을 증가시키려고 할 것이므로 주거용지의 공급이 증가한다.

Answers 01. ④   02. ③

03 부동산시장에서 수요를 감소시키는 요인을 모두 고른 것은? (단, 다른 조건은 동일함) ▶제31회

> ㉠ 시장금리 하락
> ㉡ 인구 감소
> ㉢ 수요자의 실질소득 증가
> ㉣ 부동산 가격상승 기대
> ㉤ 부동산 거래세율 인상

① ㉠, ㉡ ② ㉠, ㉢ ③ ㉡, ㉤
④ ㉡, ㉢, ㉣ ⑤ ㉠, ㉢, ㉣, ㉤

해설 ㉠, ㉢, ㉣은 수요 증가 요인이다.

04 저량(stock)의 경제변수에 해당하는 것은? ▶제35회

① 주택재고
② 가계소득
③ 주택거래량
④ 임대료 수입
⑤ 신규주택 공급량

해설 ① 일정기간을 명시하여야 측정할 수 있는 변수를 유량, 일정시점에서 측정할 수 있는 변수를 저량이라 한다. 자산의 가치, 부채, 인구수, 주택재고량 등은 저량 자료에 해당한다.

Answers 03. ③ 04. ①

05 다음 중 유량(flow)의 경제변수는 모두 몇 개인가? ▶제31회

- 가계 자산
- 가계 소비
- 자본총량
- 노동자 소득
- 통화량
- 신규주택 공급량

① 1개 ② 2개 ③ 3개
④ 4개 ⑤ 5개

해설
- 유량: 노동자 소득, 가계 소비, 신규주택 공급량
- 저량: 가계 자산, 통화량, 자본총량

06 A지역 단독주택시장의 균형변화에 관한 설명으로 옳은 것은? (단, 수요곡선은 우하향하고, 공급곡선은 우상향하며, 다른 조건은 동일함) ▶제35회

① 수요와 공급이 모두 증가하고 수요의 증가폭과 공급의 증가폭이 동일한 경우, 균형거래량은 감소한다.
② 수요가 증가하고 공급이 감소하는데 수요의 증가폭보다 공급의 감소폭이 더 큰 경우, 균형가격은 하락한다.
③ 수요가 감소하고 공급이 증가하는데 수요의 감소폭이 공급의 증가폭보다 더 큰 경우, 균형가격은 상승한다.
④ 수요와 공급이 모두 감소하고 수요의 감소폭보다 공급의 감소폭이 더 큰 경우, 균형거래량은 감소한다.
⑤ 수요가 증가하고 공급이 감소하는데 수요의 증가폭과 공급의 감소폭이 동일한 경우, 균형가격은 하락한다.

해설
① 균형거래량은 증가한다.
② 균형가격은 상승한다.
③ 균형가격은 하락한다.
⑤ 균형가격은 상승한다.

Answers 05. ③ 06. ④

07 아파트 매매가격이 10% 상승할 때, 아파트 매매수요량이 5% 감소하고 오피스텔 매매수요량이 8% 증가하였다. 이때 아파트 매매수요의 가격탄력성의 정도(A), 오피스텔 매매수요의 교차탄력성(B), 아파트에 대한 오피스텔의 관계(C)는? (단, 수요의 가격탄력성은 절댓값이며, 다른 조건은 동일함) ▶제32회

① A: 비탄력적, B: 0.5, C: 대체재
② A: 탄력적, B: 0.5, C: 보완재
③ A: 비탄력적, B: 0.8, C: 대체재
④ A: 탄력적, B: 0.8, C: 보완재
⑤ A: 비탄력적, B: 1.0, C: 대체재

> 해설
> - A: 아파트 매매수요량 변화율/아파트 매매가격 변화율 = 5/10 = 0.5, 가격탄력성이 1보다 작으므로 비탄력적이다.
> - B: 오피스텔 매매수요량 변화율/아파트 매매가격변화율 = 8/10 = 0.8
> - C: 아파트의 매매수요량이 감소할 때 오피스텔 매매수요량은 증가하였으므로 대체관계이다.

08 A부동산의 가격이 5% 상승할 때, B부동산의 수요는 10% 증가하고 C부동산의 수요는 5% 감소한다. A와 B, A와 C 간의 관계는? (단, 다른 조건은 동일함) ▶제24회

	A와 B의 관계	A와 C의 관계
①	대체재	보완재
②	대체재	열등재
③	보완재	대체재
④	열등재	정상재
⑤	정상재	열등재

> 해설
> - A부동산 가격이 상승할 때, B부동산의 수요도 상승하였다면 A와 B는 대체관계이다.
> - A부동산 가격이 상승할 때, C부동산의 수요는 감소하였다면 A와 C는 보완관계이다.

Answers 07. ③ 08. ①

09 부동산의 공급곡선에 관한 설명으로 틀린 것은? (단, 다른 조건은 동일함) ▶제24회

① 한 국가 전체의 토지공급량이 불변이라면 토지공급의 가격탄력성은 '0'이다.
② 주택의 단기 공급곡선은 가용생산요소의 제약으로 장기 공급곡선에 비해 더 비탄력적이다.
③ 부동산수요가 증가하면 부동산공급곡선이 비탄력적일수록 시장균형가격이 더 크게 상승한다.
④ 토지는 용도의 다양성으로 인해 우하향하는 공급곡선을 가진다.
⑤ 개발행위허가 기준의 강화와 같은 토지이용규제가 엄격해지면 토지의 공급곡선은 이전보다 더 비탄력적이 된다.

해설 ④ 우상향하는 공급곡선이다.

10 부동산시장에서 주택의 공급곡선을 우측으로 이동시키는 요인이 아닌 것은? (단, 다른 조건은 동일함) ▶제24회

① 주택건설업체 수의 증가
② 주택건설용 원자재 가격의 하락
③ 주택담보대출 이자율의 상승
④ 새로운 건설기술의 개발에 따른 원가절감
⑤ 주택건설용 토지가격의 하락

해설 ③ 공급곡선의 우측 이동은 공급의 증가이다. 주택담보대출 이자율의 상승은 공급의 감소 요인이 된다.

Answers 09. ④ 10. ③

11 주택 공급 변화요인과 공급량 변화요인이 옳게 묶인 것은? ▶제28회

① 공급 변화요인: 주택건설업체수의 증가, 공급량 변화요인: 주택가격 상승
② 공급 변화요인: 정부의 정책, 공급량 변화요인: 건설기술개발에 따른 원가절감
③ 공급 변화요인: 건축비의 하락, 공급량 변화요인: 주택건설용 토지가격의 하락
④ 공급 변화요인: 노동자임금 하락, 공급량 변화요인: 담보대출이자율의 상승
⑤ 공급 변화요인: 주택경기 전망, 공급량 변화요인: 토지이용규제 완화

> **해설** • 공급의 변화는 가격 이외의 요인에 의해 공급곡선 자체가 이동하는 것이고, 공급량의 변화는 해당 상품의 가격변화로 공급곡선 위의 한 점에서 다른 점으로 이동한 것을 말한다.
> • 주택가격 상승만이 공급량 변화요인이며 나머지는 모두 공급 변화요인이다.

12 A지역 소형아파트 수요의 가격탄력성은 0.9이고, 오피스텔 가격에 대한 소형아파트 수요의 교차탄력성은 0.5이다. A지역 소형아파트 가격이 2% 상승하고 동시에 A지역 오피스텔 가격이 5% 상승할 때, A지역 소형아파트 수요량의 전체 변화율은? (단, 소형아파트와 오피스텔은 모두 정상재로서 서로 대체적인 관계이고, 수요의 가격탄력성은 절댓값으로 나타내며, 다른 조건은 동일함) ▶제35회

① 0.7% ② 1.8% ③ 2.5%
④ 3.5% ⑤ 4.3%

> **해설** 전체 수요량의 변화율을 구하는 것이므로 가격탄력성, 교차탄력성 각각에 의한 수요량 변화율을 구한 다음에 모두 더하면 된다.
> 1. 수요의 가격탄력성 = 수요량변화율/가격변화율
>   따라서 수요량 변화율 = 가격탄력성 × 가격변화율
>   아파트 수요량 변화율 = 0.9 × 2% = 1.8% 감소
> 2. 수요의 교차탄력성 = 수요량변화율/오피스텔 가격변화율
>   따라서 수요량 변화율 = 교차탄력성 × 오피스텔 가격변화율
>   아파트 수요량 변화율 = 0.5 × 5% = 2.5% 증가
> 3. 전체 수요량변화율 = −1.8% + 2.5% = 0.7%

Answers 11. ① 12. ①

13 아파트에 대한 수요의 가격탄력성은 0.6, 소득탄력성은 0.4이고, 오피스텔가격에 대한 아파트 수요량의 교차탄력성은 0.2이다. 아파트가격, 아파트 수요자의 소득, 오피스텔가격이 각각 3%씩 상승할 때, 아파트 전체 수요량의 변화율은? (단, 두 부동산은 모두 정상재이고 서로 대체재이며, 아파트에 대한 수요의 가격탄력성은 절댓값으로 나타내며, 다른 조건은 동일함) ▶제30회

① 1.2% 감소 ② 1.8% 증가 ③ 2.4% 감소
④ 3.6% 증가 ⑤ 변화 없음

- 가격탄력성 = 수요량의 변화율/가격변화율(3%) = 0.6
  ∴ 아파트의 수요량 변화율은 1.8% 감소
- 소득탄력성 = 수요량의 변화율/가격변화율(3%) = 0.4
  ∴ 아파트의 수요량 변화율은 1.2% 증가
- 교차탄력성 = 아파트 수요량의 변화율/오피스텔 가격변화율(3%) = 0.2
  ∴ 아파트 수요량 변화율은 0.6% 증가
- −1.8+1.2+0.6 = 0% 따라서 변화가 없다.

14 어느 지역의 오피스텔에 대한 수요의 가격탄력성은 0.6이고 소득탄력성은 0.5이다. 오피스텔 가격이 5% 상승함과 동시에 소득이 변하여 전체 수요량이 1% 감소하였다면, 이때 소득의 변화율은? (단, 오피스텔은 정상재이고, 수요의 가격탄력성은 절댓값으로 나타내며, 다른 조건은 동일함) ▶제29회

① 1% 증가 ② 2% 증가 ③ 3% 증가
④ 4% 증가 ⑤ 5% 증가

- 가격탄력성 = 수요량의 변화율/가격변화율 = 수요량의 변화율/5% = 0.6
  ∴ 수요량의 변화율 = 5%×0.6 = 3%↓
  ⇨ 전체 수요량이 1% 감소하였다고 하니 소득변화로 수요량은 2% 증가해야 한다.
- 소득탄력성 = 수요량의 변화율/소득변화율 = 2%/소득변화율 = 0.5
  ∴ 소득변화율 = 2%÷0.5 = 4%↑

Answers 13. ⑤ 14. ④

15 아파트시장에서 균형가격을 상승시키는 요인은 모두 몇 개인가? (단, 아파트는 정상재로서 수요곡선은 우하향하고, 공급곡선은 우상향하며, 다른 조건은 동일함) ▶제35회

- 가구의 실질소득 증가
- 아파트에 대한 선호도 감소
- 아파트 건축자재 가격의 상승
- 아파트 담보대출 이자율의 상승

① 0개 ② 1개 ③ 2개
④ 3개 ⑤ 4개

해설
- 가구의 실질소득 증가 → 수요 증가 → 가격 상승
- 아파트에 대한 선호도 감소 → 수요 감소
- 아파트 건축자재 가격의 상승 → 생산비 증가로 공급 감소 → 가격 상승
- 아파트 담보대출 이자율의 상승 → 수요 감소

16 A지역 단독주택 시장의 균형가격과 균형거래량의 변화에 관한 설명으로 옳은 것은? (단, 수요곡선은 우하향하고 공급곡선은 우상향하며, 다른 조건은 동일함) ▶제33회

① 수요가 불변이고 공급이 감소하는 경우, 균형가격은 하락하고 균형거래량은 감소한다.
② 공급이 불변이고 수요가 증가하는 경우, 균형가격은 상승하고 균형거래량은 감소한다.
③ 수요와 공급이 동시에 증가하고 공급의 증가폭이 수요의 증가폭보다 더 큰 경우, 균형가격은 상승하고 균형거래량은 증가한다.
④ 수요와 공급이 동시에 감소하고 수요의 감소폭이 공급의 감소폭보다 더 큰 경우, 균형가격은 하락하고 균형거래량은 감소한다.
⑤ 수요는 증가하고 공급이 감소하는데 수요의 증가폭이 공급의 감소폭보다 더 큰 경우, 균형가격은 상승하고 균형거래량은 감소한다.

해설
① 공급곡선이 좌상향하므로, 균형거래량은 감소하고 균형가격은 상승한다.
② 수요곡선이 우상향하므로, 균형가격은 상승하고 균형거래량은 증가한다.
③ 균형가격은 하락하고 균형거래량은 증가한다.
⑤ 균형가격은 상승하고 균형거래량은 증가한다.

Answers 15. ③ 16. ④

17 수요와 공급의 가격탄력성에 관한 설명으로 옳은 것은? (단, x축은 수량, y축은 가격, 수요의 가격탄력성은 절댓값을 의미하며, 다른 조건은 동일함) ▶제34회

① 가격이 변화하여도 수요량이 전혀 변화하지 않는다면, 수요의 가격탄력성은 완전탄력적이다.
② 가격변화율보다 공급량의 변화율이 커서 1보다 큰 값을 가진다면, 공급의 가격탄력성은 비탄력적이다.
③ 공급의 가격탄력성이 0이라면, 완전탄력적이다.
④ 수요의 가격탄력성이 1보다 작은 값을 가진다면, 수요의 가격탄력성은 탄력적이다.
⑤ 공급곡선이 수직선이면, 공급의 가격탄력성은 완전비탄력적이다.

> **해설** ① 수요의 가격탄력성은 완전비탄력적이다.
> ② 공급의 가격탄력성은 탄력적이다.
> ③ 완전비탄력적이다.
> ④ 수요의 가격탄력성은 비탄력적이다.

18 A지역 아파트시장에서 공급은 변화하지 않고 수요는 다음 조건과 같이 변화하였다. 이 경우 균형가격(㉠)과 균형거래량(㉡)의 변화는? (단, P는 가격, Q_{D1}, Q_{D2}는 수요량, Q_S는 공급량, X축은 수량, Y축은 가격을 나타내고, 가격과 수량의 단위는 무시하며, 주어진 조건에 한함) ▶제33회

- 수요함수: $Q_{D1} = 120 - 2P$(변화 전) ⇨ $Q_{D2} = 120 - \frac{3}{2}P$ (변화 후)
- 공급함수: $Q_S = 2P - 20$

① ㉠: 5 상승, ㉡: 5 증가 ② ㉠: 5 상승, ㉡: 10 증가
③ ㉠: 10 상승, ㉡: 10 증가 ④ ㉠: 10 상승, ㉡: 15 증가
⑤ ㉠: 15 상승, ㉡: 15 증가

> **해설** • 변화 전: $120 - 2P = 2P - 20$
> ∴ P = 35, Q = 50
> • 변화 후: $120 - \frac{3}{2}P = 2P - 20$
> ∴ P = 40, Q = 60

Answers 17. ⑤ 18. ②

19 다음 조건에서 A지역 아파트시장이 t시점에서 (t+1)시점으로 변화될 때, 균형가격과 균형량의 변화는? (단, 주어진 조건에 한하며, P는 가격, Q_s는 공급량이며, Q_{d1}과 Q_{d2}는 수요량임) ▶제28회

> - 아파트 공급함수: $Q_s = 2P$
> - t시점 아파트 수요함수: $Q_{d1} = 900 - P$
> - (t+1) 시점 아파트 수요함수: $Q_{d2} = 1,500 - P$

① 균형가격: 200 상승, 균형량: 400 감소
② 균형가격: 200 상승, 균형량: 400 증가
③ 균형가격: 200 하락, 균형량: 400 감소
④ 균형가격: 200 하락, 균형량: 400 증가
⑤ 균형가격: 100 상승, 균형량: 200 증가

> **해설** 균형가격과 균형량은 공급곡선과 수요곡선이 만나는 지점에서 결정된다.
> - t시점: $2P = 900 - P$
>   ∴ P = 300, Q = 600
> - (t+1) 시점: $2P = 1,500 - P$ ∴ P = 500, Q = 1,000
> 따라서 균형가격은 200 상승, 균형량은 400 증가하였다.

20 해당 부동산시장의 수요곡선을 우측(우상향)으로 이동하게 하는 수요변화의 요인에 해당하는 것은? (단, 수요곡선은 우하향하고, 해당 부동산은 정상재이며, 다른 조건은 동일함) ▶제34회

① 대출금리의 상승
② 보완재 가격의 하락
③ 대체재 수요량의 증가
④ 해당 부동산 가격의 상승
⑤ 해당 부동산 선호도의 감소

> **해설** ② 보완재는 어떤 한 재화의 수요가 늘어날 때 함께 수요가 늘어나는 재화를 말한다. 따라서 보완재의 가격이 하락하여 수요가 늘어났다면 해당 재화의 수요도 증가한다(수요곡선은 우측으로 이동).
> ④ 해당 재화 가격의 변화는 곡선상의 어느 한 점에서 다른 한 점으로 이동하게 한다.

Answers 19. ② 20. ②

21 주택 매매시장의 수요와 공급에 관한 설명으로 틀린 것은? (단, x축은 수량, y축은 가격, 수요의 가격탄력성은 절댓값을 의미하며, 다른 조건은 동일함) ▶제29회

① 주택의 수요와 공급이 모두 증가하게 되면 균형거래량은 증가한다.
② 주택수요의 가격탄력성이 완전탄력적인 경우에 공급이 증가하면 균형가격은 변하지 않고 균형거래량은 증가한다.
③ 해당 주택가격 변화에 의한 수요량의 변화는 동일한 수요곡선상의 이동으로 나타난다.
④ 주택수요가 증가하면 주택공급이 탄력적일수록 균형가격이 더 크게 상승한다.
⑤ 주택공급의 가격탄력성은 단기에 비해 장기에 더 크게 나타난다.

> **해설** ④ 공급이 비탄력적일수록 수요의 증가에 따라 균형가격이 더 크게 상승한다.

22 아파트 매매시장에서 수요량과 수요의 변화에 관한 설명으로 옳은 것은? (단, x축은 수량, y축은 가격이고, 아파트와 단독주택은 정상재이며, 다른 조건은 동일함) ▶제29회

① 아파트가격 하락이 예상되면 수요량의 변화로 동일한 수요곡선상에서 하향으로 이동하게 된다.
② 실질소득이 증가하면 수요곡선은 좌하향으로 이동하게 된다.
③ 대체재인 단독주택의 가격이 상승하면 아파트의 수요곡선은 우상향으로 이동하게 된다.
④ 아파트 담보대출 금리가 하락하면 수요량의 변화로 동일한 수요곡선상에서 상향으로 이동하게 된다.
⑤ 아파트 거래세가 인상되면 수요곡선은 우상향으로 이동하게 된다.

> **해설** ① 가격 하락이 예상되는 것은 수요의 변화이며 수요곡선 자체가 좌측으로 이동하는 수요 감소요인이다.
> ② 실질소득의 증가는 수요의 증가요인이며 수요곡선은 우측으로 이동하게 된다.
> ④ 금리의 하락은 수요의 변화 요인으로 수요곡선 자체가 우측으로 이동하는 수요 증가 요인이다.
> ⑤ 세금의 인상은 수요의 감소요인이며 수요곡선은 좌측으로 이동하게 된다.

Answers 21. ④ 22. ③

23

부동산의 수요와 공급에 관한 설명으로 옳은 것은? (단, 수요곡선은 우하향하고 공급곡선은 우상향하며, 다른 조건은 동일함) ▶제30회

① 가격이 상승하면 공급량이 감소한다.
② 수요량은 일정기간에 실제로 구매한 수량이다.
③ 공급량은 주어진 가격수준에서 실제로 매도한 수량이다.
④ 건설종사자들의 임금상승은 부동산가격을 하락시킨다.
⑤ 가격 이외의 다른 요인이 수요량을 변화시키면 수요곡선이 좌측 또는 우측으로 이동한다.

해설 ① 가격이 상승하면 공급량이 증가한다(공급법칙, 공급곡선의 우상향).
②③ 수요량, 공급량은 구매하려는 수량 또는 판매하려는 양으로 사전적 개념이다.
④ 건설종사자들의 임금상승은 부동산가격을 상승시킨다. 이는 공급곡선의 좌측이동, 공급감소로 나타난다.

24

부동산에 관한 수요와 공급의 가격탄력성에 관한 설명으로 틀린 것은? (단, 다른 조건은 동일함) ▶제30회

① 수요의 가격탄력성이 완전탄력적일 때 수요가 증가할 경우 균형가격은 변하지 않는다.
② 오피스텔에 대한 대체재가 감소함에 따라 오피스텔 수요의 가격탄력성이 작아진다.
③ 공급의 가격탄력성이 수요의 가격탄력성보다 작은 경우 공급자가 수요자보다 세금부담이 더 크다.
④ 임대주택 수요의 가격탄력성이 1인 경우 임대주택의 임대료가 하락하더라도 전체 임대료 수입은 변하지 않는다.
⑤ 일반적으로 임대주택을 건축하여 공급하는 기간이 짧을수록 공급의 가격탄력성은 커진다.

해설 ① 수요의 가격탄력성이 완전탄력적일 때 공급이 증가할 경우 균형가격은 변하지 않는다. 수요가 완전탄력적이면 수요곡선은 수평선이므로, 아무리 공급이 증가해도 가격은 불변이다.

Answers 23. ⑤ 24. ①

25 A지역의 기존 아파트 시장의 수요함수는 P=−Qd+40, 공급 함수는 P=$\frac{2}{3}$Q$_s$+20이었다. 이후 수요함수는 변하지 않고 공급함수가 P=$\frac{2}{3}$Q$_s$+10으로 변하였다. 다음 설명으로 옳은 것은? [단, X축은 수량, Y축은 가격, P는 가격(단위는 만원/m²), Qd는 수요량(단위는 m²), Q$_s$는 공급량(단위는m²)이며, 다른 조건은 동일함] ▶제34회

① 아파트 공급량의 증가에 따른 공급량의 변화로 공급곡선이 좌측(좌상향)으로 이동하였다.
② 기존 아파트 시장 균형가격은 22만원/m²이다.
③ 공급함수 변화 이후의 아파트 시장 균형량은 12m²이다.
④ 기존 아파트 시장에서 공급함수 변화로 인한 아파트 시장 균형가격은 6만원/m²만큼 하락하였다.
⑤ 기존 아파트 시장에서 공급함수 변화로 인한 아파트 시장 균형량은 8m²만큼 증가하였다.

> **해설** ④ 공급함수의 변화로 아파트 시장 균형가격은 28만원/m²에서 22만원/m²으로 내려와 6만원/m²만큼 하락했다.
> ① 아파트 공급량의 증가에 따른 공급량의 변화로 공급곡선이 우측(우상향)으로 이동한다.
> ② 기존 아파트 시장 균형가격은 28만원/m²
> 기존의 수요함수 P = −Qd + 40, 공급함수는 P = 2/3Qs + 20 이 두 함수를 연립하면 P = 28, Q = 12임을 알 수 있다.
> ③ 공급함수 변화 이후의 아파트 시장 균형량은 18m²
> 기존의 수요함수 P = −Qd + 40,
> 변화 후의 공급함수 P = 2/3Qs + 10을 연립하면, P = 22, Q = 18
> ⑤ 기존 아파트 시장에서 공급함수 변화로 인한 아파트 시장 균형량은 12m²에서 18m²로 6m²만큼 증가하였다.

Answers 25. ④

26 A지역 아파트시장에서 수요함수는 일정한데, 공급함수는 다음 조건과 같이 변화하였다. 이 경우 균형가격(㉠)과 공급곡선의 기울기(㉡)는 어떻게 변화하였는가? (단, 가격과 수량의 단위는 무시하며, 주어진 조건에 한함) ▶제31회

- 공급함수: $Q_{S1} = 30+P$ (이전) ⇨ $Q_{S2} = 30+2P$ (이후)
- 수요함수: $Q_d = 150-2P$
- P는 가격, Q_s는 공급량, Q_d는 수요량, X축은 수량, Y축은 가격을 나타냄

① ㉠ 10 감소, ㉡ $\frac{1}{2}$ 감소   ② ㉠ 10 감소, ㉡ 1 감소
③ ㉠ 10 증가, ㉡ 1 증가   ④ ㉠ 20 감소, ㉡ $\frac{1}{2}$ 감소
⑤ ㉠ 20 증가, ㉡ $\frac{1}{2}$ 증가

해설
- 균형가격1: $Q_d = Q_{S1}$ → $150-2P = 30+P$ → $120 = 3P$ → $40 = P$
  균형가격2: $Q_d = Q_{S2}$
  → $150-2P = 30+2P$ → $120 = 4P$ → $30 = P$
  ∴ 균형가격은 40에서 30으로 10 하락
- 기울기1: $Q/P = 1/1 = 1$
  기울기2: $Q/2P = 1/2$
  ∴ 기울기는 1에서 1/2로 감소

Answers 26. ①

27 수요와 공급이 동시에 변화할 경우, 균형가격과 균형량에 관한 설명으로 옳은 것은? (단, 수요곡선은 우하향, 공급곡선은 우상향, 다른 조건은 동일함) ▶제32회

① 수요와 공급이 증가하는 경우, 수요의 증가폭이 공급의 증가폭보다 크다면 균형가격은 상승하고 균형량은 감소한다.
② 수요와 공급이 감소하는 경우, 수요의 감소폭이 공급의 감소폭보다 작다면 균형가격은 상승하고 균형량은 증가한다.
③ 수요와 공급이 감소하는 경우, 수요의 감소폭과 공급의 감소폭이 같다면 균형가격은 불변이고 균형량은 증가한다.
④ 수요는 증가하고 공급이 감소하는 경우, 수요의 증가폭이 공급의 감소폭보다 작다면 균형가격은 상승하고 균형량은 증가한다.
⑤ 수요는 감소하고 공급이 증가하는 경우, 수요의 감소폭이 공급의 증가폭보다 작다면 균형가격은 하락하고 균형량은 증가한다.

> **해설** ① 균형가격은 상승하고 균형량은 증가한다.
> ② 균형가격은 상승하고 균형량은 감소한다.
> ③ 균형가격은 불변이고 균형량은 감소한다.
> ④ 균형가격은 상승하고 균형량은 감소한다.

28 수요와 공급의 가격탄력성에 관한 설명으로 옳은 것은? (단, X축은 수량, Y축은 가격, 수요의 가격탄력성은 절댓값이며, 다른 조건은 동일함) ▶제32회

① 수요의 가격탄력성은 수요량의 변화율에 대한 가격의 변화비율을 측정한 것이다.
② 수요의 가격탄력성이 완전비탄력적이면 가격이 변화할 때 수요량이 무한대로 변화한다.
③ 수요의 가격탄력성이 비탄력적이면 수요량의 변화율이 가격의 변화율보다 더 크다.
④ 공급의 가격탄력성이 탄력적이면 가격의 변화율보다 공급량의 변화율이 더 크다.
⑤ 공급곡선이 수직선이면 공급의 가격탄력성은 완전탄력적이다.

> **해설** ① 가격의 변화율에 대한 수요량의 변화율이다.
> ② 완전비탄력적인 경우 가격이 변화해도 수요량은 변하지 않는다. 완전탄력적인 경우 가격 변화에 따라 수요량이 무한대로 변화한다.
> ③ 수요량의 변화율이 더 작다.
> ⑤ 완전비탄력적이다.

Answers 27. ⑤ 28. ④

29 A부동산에 대한 기존 시장의 균형상태에서 수요함수는 P = 200−2Q_d, 공급함수는 2P = 40+Q_s이다. 시장의 수요자 수가 2배로 증가되는 경우, 새로운 시장의 균형가격과 기존 시장의 균형가격 간의 차액은? (단, P는 가격(단위: 만원), Q_d는 수요량(단위: m²), Q_s는 공급량(단위: m²)이며, A부동산은 민간재(private goods)로 시장의 수요자는 모두 동일한 개별수요함수를 가지며, 다른 조건은 동일함) ▶제32회

① 24만원 ② 48만원 ③ 56만원
④ 72만원 ⑤ 80만원

- 수요함수: P = 200−2Q_d → Q_d = 100−$\frac{1}{2}$P
- 공급함수: 2P = 40+Q_s → Q_s = −40+2P
- 수요량과 공급량이 같은 지점에서 균형가격 형성되므로 100−$\frac{1}{2}$P = −40+2P → P = 56
 따라서 기존시장의 균형가격은 56만원이고 시장의 수요자 수가 2배 증가했다면 Q_d = 200−P가 됨.
 새로운 시장에서 균형가격은
 200−P = −40+2P → P = 80
 ∴ 균형가격의 차액은 80−56 = 24만원

30 오피스텔의 분양수요함수가 Q_d=600−$\frac{3}{2}$P로 주어져 있다. 이 경우 사업시행자가 분양수입을 극대화하기 위한 오피스텔 분양가격은? (단, P는 분양가격이고 단위는 만 원/m², Q_d는 수요량이고 단위는 m², X축은 수량, Y축은 가격이며, 주어진 조건에 한함) ▶제31회

① 180만원/m² ② 190만원/m² ③ 200만원/m²
④ 210만원/m² ⑤ 220만원/m²

- 수입 = 가격×수량 = P×Q
- 각 가격에서의 수요량(Q_d) = 600−$\frac{3}{2}$P
 ③ 200×300 = 6억원
 ① 180×330 = 5억 9천 4백만원
 ② 190×315 = 5억 9천 8백 50만원
 ④ 210×285 = 5억 9천 8백 50만원
 ⑤ 220×270 = 5억 9천 4백만원

Answers 29. ① 30. ③

Theme 02 부동산경기변동이론

31 부동산경기변동에 관한 설명으로 옳은 것은? ▶제33회

① 상향시장 국면에서는 부동산가격이 지속적으로 하락하고 거래량은 감소한다.
② 후퇴시장 국면에서는 경기상승이 지속적으로 진행되어 경기의 정점에 도달한다.
③ 하향시장 국면에서는 건축허가신청이 지속적으로 증가한다.
④ 회복시장 국면에서는 매수자가 주도하는 시장에서 매도자가 주도하는 시장으로 바뀌는 경향이 있다.
⑤ 안정시장 국면에서는 과거의 거래가격을 새로운 거래가격의 기준으로 활용하기 어렵다.

> **해설** ① 하향시장에 대한 설명이다.
> ② 상향시장에 대한 설명이다.
> ③ 하향시장 국면에서는 건축허가신청이 지속적으로 감소한다.
> ⑤ 안정시장 국면에서는 가격의 변화가 거의 없으므로 과거의 거래가격을 새로운 거래가격의 기준으로 활용할 수 있다.

32 부동산 경기순환과 경기변동에 관한 설명으로 틀린 것은? ▶제31회

① 부동산 경기변동이란 부동산시장이 일반경기변동처럼 상승과 하강 국면이 반복되는 현상을 말한다.
② 부동산 경기는 일반경기와 같이 일정한 주기와 동일한 진폭으로 규칙적이고 안정적으로 반복되며 순환된다.
③ 부동산 경기변동은 일반경기변동에 비해 저점이 깊고 정점이 높은 경향이 있다.
④ 부동산 경기는 부동산의 특성에 의해 일반경기보다 주기가 더 길 수 있다.
⑤ 회복시장에서 직전국면 저점의 거래사례가격은 현재 시점에서 새로운 거래가격의 하한이 되는 경향이 있다.

> **해설** ② 부동산 경기는 일반경기와 다른 진폭을 지니며 불분명, 불명확, 불규칙적이다.

Answers 31. ④ 32. ②

33 거미집모형에 관한 설명으로 옳은 것은? (단, 다른 조건은 동일함) ▶제34회

① 수요의 가격탄력성이 공급의 가격탄력성보다 크면 발산형이다.
② 가격이 변동하면 수요와 공급은 모두 즉각적으로 반응한다는 가정을 전제하고 있다.
③ 수요곡선의 기울기 절댓값이 공급곡선의 기울기 절댓값보다 작으면 수렴형이다.
④ 수요와 공급의 동시적 관계로 가정하여 균형의 변화를 정태적으로 분석한 모형이다.
⑤ 공급자는 현재와 미래의 가격을 동시에 고려해 미래의 공급을 결정한다는 가정을 전제하고 있다.

> **해설** ③ 공급곡선의 기울기가 더 크면 수렴형이다.
> ① 수요의 가격탄력성이 공급의 가격탄력성보다 크면 수렴형이다.
> ② 수요는 즉각적으로 반응하지만, 공급은 제작에 시간이 걸리므로 시간차를 두고 반응한다.
> ④ 동태학적으로 분석한 모형이다.
> ⑤ 공급자가 현재의 시장가격에만 반응한다는 것을 가정하고 있다. 공급자가 미래의 수요를 정확히 예측하여 공급량을 조절한다면 거미집모형은 나타나지 않을 수 있다.

34 A주택시장과 B주택시장의 함수조건이 다음과 같다. 거미집이론에 의한 두 시장의 모형형태는? (단, X축은 수량, Y축은 가격, 각각의 시장에 대한 P는 가격, Q_d는 수요량, Q_s는 공급량, 다른 조건은 동일함) ▶제32회

> A주택시장: $Q_d = 200 - P$, $Q_s = 100 + 4P$
> B주택시장: $Q_d = 500 - 2P$, $Q_s = 200 + \frac{1}{2}P$

① A: 수렴형, B: 수렴형   ② A: 수렴형, B: 발산형
③ A: 수렴형, B: 순환형   ④ A: 발산형, B: 수렴형
⑤ A: 발산형, B: 발산형

> **해설** • A: 수요 기울기 Q/P = 1, 공급 기울기 Q/4P = 1/4
>   ∴ 공급 기울기가 더 작으므로 발산형
> • B: 수요 기울기 Q/2P = 1/2, 공급 기울기 Q/$\frac{1}{2}$P = 2
>   ∴ 공급 기울기가 더 크므로 수렴형

Answers 33. ③ 34. ④

35 어느 지역의 수요와 공급함수가 각각 A부동산 상품시장에서는 $Q_d = 100-P$, $2Q_s = -10+P$, B부동산 상품시장에서는 $Q_d = 500-2P$, $3Q_s = -20+6P$이며, A부동산 상품의 가격이 5% 상승하였을 때 B부동산 상품의 수요가 4% 하락하였다. 거미집이론에 의한 A와 B 각각의 모형 형태와 A부동산 상품과 B부동산 상품의 관계는? (단, x축은 수량, y축은 가격, 각각의 시장에 대한 P는 가격, Q_d는 수요량, Q_s는 공급량이며, 다른 조건은 동일함) ▶제29회

	A	B	A와 B의 관계
①	수렴형	순환형	보완재
②	수렴형	발산형	보완재
③	발산형	순환형	대체재
④	발산형	수렴형	대체재
⑤	순환형	발산형	대체재

해설
- A부동산
수요함수: $Q_d = 100-P \rightarrow P = 100-Q_d$이므로, 기울기는 1
공급함수: $2Q_s = -10+P \rightarrow P = 10+2Q_s$이므로, 기울기는 2
∴ 수요곡선의 기울기(1)보다 공급곡선의 기울기(2)가 더 크므로 수렴형이다.
- B부동산
수요함수: $Q_d = 500-2P \rightarrow 2P = 500-Q_d \rightarrow P = 250 - \frac{1}{2}Q_d$이므로, 기울기는 $\frac{1}{2}$
공급함수: $3Q_s = -20+6P \rightarrow 6P = 20+3Q_s \rightarrow P = \frac{20}{6}+\frac{3}{6}Q_d \rightarrow P = 10/3+1/2Q_d$이므로, 기울기는 $\frac{1}{2}$
∴ 수요곡선의 기울기$\left(\frac{1}{2}\right)$와 공급곡선의 기울기$\left(\frac{1}{2}\right)$가 같으므로 순환형이다.
- A 가격이 상승하면 A의 수요가 하락하고, B의 수요도 같이 하락하였다면 A와 B의 관계는 보완재이다.

Answers 35. ①

Theme 03 부동산시장이론

36 부동산시장에 관한 설명으로 틀린 것은? (단, 다른 조건은 동일함) ▶제33회
① 부동산시장에서는 정보의 비대칭성으로 인해 부동산가격의 왜곡현상이 나타나기도 한다.
② 부동산시장은 장기보다 단기에서 공급의 가격탄력성이 크므로 단기 수급조절이 용이하다.
③ 부동산시장은 규모, 유형, 품질 등에 따라 세분화되고, 지역별로 구분되는 특성이 있다.
④ 부동산시장에서는 일반적으로 매수인의 제안가격과 매도인의 요구가격 사이에서 가격이 형성된다.
⑤ 부동산시장은 불완전하더라도 할당효율적일 수 있다.

해설 ② 부동산시장은 단기보다 장기에서 공급의 가격탄력성이 크다.

37 부동산시장에 관한 설명으로 틀린 것은? (단, 다른 조건은 모두 동일함) ▶제29회
① 불완전경쟁시장에서도 할당 효율적 시장이 이루어질 수 있다.
② 진입장벽의 존재는 부동산시장을 불완전하게 만드는 원인이다.
③ 부동산시장의 분화현상은 경우에 따라 부분시장별로 시장의 불균형을 초래하기도 한다.
④ 강성 효율적 시장에서도 정보를 이용하여 초과이윤을 얻을 수 있다.
⑤ 부동산에 가해지는 다양한 공적 제한은 부동산시장의 기능을 왜곡할 수 있다.

해설 ④ 강성 효율적 시장에서는 어떠한 정보를 이용하더라도 초과이윤을 얻을 수 없다.

Answers 36. ② 37. ④

38 지하철 역사가 개발된다는 다음과 같은 정보가 있을 때, 합리적인 투자자가 최대한 지불할 수 있는 이 정보의 현재가치는? (단, 주어진 조건에 한함) ▶제35회

- 지하철 역사 개발예정지 인근에 A토지가 있다.
- 1년 후 지하철 역사가 개발될 가능성은 60%로 알려져 있다.
- 1년 후 지하철 역사가 개발되면 A토지의 가격은 14억 3천만원, 개발되지 않으면 8억 8천만원으로 예상된다.
- 투자자의 요구수익률(할인율)은 연 10%다.

① 1억 6천만원　　② 1억 8천만원　　③ 2억원
④ 2억 2천만원　　⑤ 2억 4천만원

해설
- 현재가치
= (개발될 경우 가치 − 개발 안 될 경우의 가치) × 개발 안 될 확률 ÷ $(1 + 요구수익률)^n$
= (14억 3천만원 − 8억 8천만원) × 0.4 ÷ 1.1 = 2억원

Answers　38. ③

39 다음은 3가지 효율적 시장(A~C)의 유형과 관련된 내용이다. 시장별 해당되는 내용을 〈보기〉에서 모두 찾아 옳게 짝지어진 것은? ▶제32회

| A. 약성 효율적 시장 | B. 준강성 효율적 시장 | C. 강성 효율적 시장 |

보기
㉠ 과거의 정보를 분석해도 초과이윤을 얻을 수 없다.
㉡ 현재시점에 바로 공표된 정보를 분석해도 초과이윤을 얻을 수 없다.
㉢ 아직 공표되지 않은 정보를 분석해도 초과이윤을 얻을 수 없다.

① A – ㉠　　　　　B – ㉡　　　　　C – ㉢
② A – ㉠　　　　　B – ㉠, ㉡　　　C – ㉠, ㉡, ㉢
③ A – ㉢　　　　　B – ㉡, ㉢　　　C – ㉠, ㉡, ㉢
④ A – ㉠, ㉡, ㉢　B – ㉠, ㉡　　　C – ㉠
⑤ A – ㉠, ㉡, ㉢　B – ㉡, ㉢　　　C – ㉢

해설 ② A. 약성 효율적 시장은 과거의 정보가 포함된 시장이므로 과거의 정보를 분석해도 초과이윤을 얻을 수 없다.
B. 준강성 효율적 시장은 과거의 정보뿐만 아니라 현재 새로 공표되는 정보가 지체없이 반영되므로 현재시점에 바로 공표된 정보를 분석해도 초과이윤을 얻을 수 없다.
C. 강성 효율적 시장은 공표된 정보는 물론이고 아직 공표되지 않은 정보까지도 반영되어 있는 시장이므로 어떠한 정보를 이용하더라도 초과이윤을 얻을 수 없다.

Answers　39. ②

Theme 04 부동산정책론

40 부동산정책에 관한 내용으로 틀린 것은? ▶제35회

① 국토의 계획 및 이용에 관한 법령상 지구단위계획은 도시·군계획 수립 대상지역의 일부에 대하여 토지 이용을 합리화하고 그 기능을 증진시키며 미관을 개선하고 양호한 환경을 확보하며, 그 지역을 체계적·계획적으로 관리하기 위하여 수립하는 도시·군기본계획을 말한다.
② 지역지구제는 토지이용에 수반되는 부(−)의 외부효과를 제거하거나 완화시킬 목적으로 활용된다.
③ 개발권양도제(TDR)는 토지이용규제로 인해 개발행위의 제약을 받는 토지소유자의 재산적 손실을 보전해 주는 수단으로 활용될 수 있으며, 법령상 우리나라에서는 시행되고 있지 않다.
④ 부동산 가격공시제도에 따라 국토교통부장관은 일단의 토지 중에서 선정한 표준지에 대하여 매년 공시기준일 현재의 단위면적당 적정가격을 조사·평가하여 공시하여야 한다.
⑤ 토지비축제는 정부가 토지를 매입한 후 보유하고 있다가 적절한 때에 이를 매각하거나 공공용으로 사용하는 제도를 말한다.

> **해설** ① 도시·군관리계획에 대한 설명이다.

41 현재 우리나라에서 시행되고 있지 않는 부동산 정책수단을 모두 고른 것은? ▶제34회

㉠ 택지소유상한제	㉡ 부동산거래신고제
㉢ 토지초과이득세	㉣ 주택의 전매제한
㉤ 부동산실명제	㉥ 토지거래허가구역
㉦ 종합부동산세	㉧ 공한지세

① ㉠, ㉧
② ㉠, ㉢, ㉧
③ ㉠, ㉣, ㉤, ㉥
④ ㉡, ㉢, ㉣, ㉤, ㉦
⑤ ㉡, ㉣, ㉤, ㉥, ㉦, ㉧

> **해설** ㉠ 택지소유상한제, ㉢ 토지초과이득세, ㉧ 공한지세, 종합토지세는 폐지된 제도이다.

Answers 40. ① 41. ②

42 부동산정책과 관련된 설명으로 옳은 것은? ▶제33회

① 분양가상한제와 택지소유상한제는 현재 시행되고 있다.
② 토지비축제도(토지은행)와 부동산가격공시제도는 정부가 간접적으로 부동산시장에 개입하는 수단이다.
③ 법령상 개발부담금제가 재건축부담금제보다 먼저 도입되었다.
④ 주택시장의 지표로서 PIR(Price to Income Ratio)은 개인의 주택지불능력을 나타내며, 그 값이 클수록 주택구매가 더 쉽다는 의미다.
⑤ 부동산실명제의 근거 법률은 「부동산등기법」이다.

> 해설 ① 택지소유상한제는 시행되지 않고 있다.
> ② 토지비축제도는 정부가 직접적으로 부동산시장에 개입하는 수단이다.
> ④ 주택시장의 지표로서 PIR(Price to Income Ratio)은 개인의 주택지불능력을 나타내며, 그 값이 클수록 수입 대비 가격이 높으므로 주택구매가 더 어렵다는 의미다.
> ⑤ 「부동산 실권리자 명의 등기에 관한 법률」이다.

43 다음 중 법령을 기준으로 현재 우리나라에서 시행되고 있는 제도를 모두 고른 것은? ▶제31회

| ㉠ 개발행위허가제 | ㉡ 택지소유상한제 |
| ㉢ 용도지역제 | ㉣ 토지초과이득세제 |

① ㉠, ㉢　　② ㉡, ㉣　　③ ㉠, ㉡, ㉢
④ ㉡, ㉢, ㉣　　⑤ ㉠, ㉡, ㉢, ㉣

> 해설 ㉡ 1999년 위헌결정으로 1998년에 폐지되었다.
> ㉣ 1994년에 헌법불합치로 결정되면서 1998년에 폐지되었다.

Answers　42. ③　43. ①

44 부동산시장에 대한 정부의 개입에 관한 설명으로 틀린 것은? ▶제34회

① 부동산투기, 저소득층 주거문제, 부동산자원배분의 비효율성은 정부가 부동산시장에 개입하는 근거가 된다.
② 부동산시장실패의 대표적인 원인으로 공공재, 외부효과, 정보의 비대칭성이 있다.
③ 토지비축제도는 공익사업용지의 원활한 공급과 토지시장 안정을 위해 정부가 직접적으로 개입하는 방식이다.
④ 토지수용, 종합부동산세, 담보인정비율, 개발부담금은 부동산시장에 대한 직접개입수단이다.
⑤ 정부가 주택시장에 개입하여 민간분양주택 분양가를 규제할 경우 주택산업의 채산성·수익성을 저하시켜 신축민간주택의 공급을 축소시킨다.

해설 ④ 토지수용은 부동산시장에 대한 직접개입수단이고, 종합부동산세, 담보인정비율(LTV), 개발부담금은 부동산 시장에 대한 간접개입수단이다.

45 정부의 부동산시장 직접개입 유형에 해당하는 것을 모두 고른 것은? ▶제31회

㉠ 토지은행	㉡ 공영개발사업
㉢ 총부채상환비율(DTI)	㉣ 종합부동산세
㉤ 개발부담금	㉥ 공공투자사업

① ㉠, ㉡, ㉢   ② ㉠, ㉡, ㉥   ③ ㉢, ㉣, ㉤
④ ㉢, ㉤, ㉥   ⑤ ㉣, ㉤, ㉥

해설 ㉠, ㉡, ㉥는 직접개입의 유형이고 ㉢, ㉣, ㉤은 간접개입의 유형이다.

Answers 44.④ 45.②

46 부동산정책 중 금융규제에 해당하는 것은?

① 택지개발지구 지정
② 토지거래허가제 시행
③ 개발부담금의 부담률 인상
④ 분양가상한제의 적용 지역 확대
⑤ 총부채원리금상환비율(DSR) 강화

> 해설 ⑤ 부동산 금융규제의 종류에는 크게 LTV(Loan to Value Ratio, 주택담보인정비율), DTV(Debt To Income, 총부채상환비율), DSR(Debt Service Ratio, 총체적 상환능력 비율) 등이 있다.

47 부동산 거래규제에 관한 설명으로 틀린 것은? ▶제32회

① 주택취득 시 자금조달계획서의 제출을 요구하는 것은 주택취득을 제한하는 방법이라 볼 수 있다.
② 투기지역으로 지정되면 그 지역에서 건설·공급하는 도시형생활주택에 대해 분양가상한제가 적용된다.
③ 농지취득자격증명제는 농지취득을 제한하는 제도다.
④ 토지거래허가구역으로 지정된 지역에서 토지거래계약을 체결할 경우 시장·군수 또는 구청장의 허가를 받아야 한다.
⑤ 부동산거래신고제는 부동산 매매계약을 체결하는 경우 그 실제 거래가격 등을 신고하게 하는 제도다.

> 해설 ② 도시형생활주택에 대해서는 분양가상한제가 적용되지 않는다.

Answers 46. ⑤   47. ②

48 다음 ( )에 들어갈 알맞은 내용은? ▶제34회

- (㉠)은 「공공주택특별법 시행령」에 따른 국가나 지방자치단체의 재정이나 주택도시기금의 자금을 지원받아 전세계약의 방식으로 공급하는 공공임대주택이다.
- (㉡)은 「민간임대주택에 관한 특별법」에 따른 임대사업자가 매매 등으로 소유권을 취득하여 임대하는 민간임대주택을 말한다.

	㉠	㉡
①	국민임대주택	장기전세주택
②	장기전세주택	기존주택전세임대주택
③	기존주택전세임대주택	국민임대주택
④	국민임대주택	민간매입임대주택
⑤	장기전세주택	민간매입임대주택

해설
- 장기전세주택: 국가나 지방자치단체의 재정이나 주택도시기금의 자금을 지원받아 전세계약의 방식으로 공급하는 공공임대주택
- 민간매입임대주택: 임대사업자가 매매 등으로 소유권을 취득하여 임대하는 민간임대주택

49 주거정책에 관한 설명으로 틀린 것을 모두 고른 것은? ▶제34회

㉠ 우리나라는 주거에 대한 권리를 인정하고 있지 않다.
㉡ 공공임대주택, 주거급여제도, 주택청약종합저축제도는 현재 우리나라에서 시행되고 있다.
㉢ 주택바우처는 저소득임차가구에 주택임대료를 일부 지원해주는 소비자보조방식의 일종으로 임차인의 주거지 선택을 용이하게 할 수 있다.
㉣ 임대료 보조정책은 민간임대주택의 공급을 장기적으로 감소시키고 시장임대료를 높인다.
㉤ 임대료를 균형가격 이하로 통제하면 민간임대주택의 공급량은 증가하고 질적 수준은 저하된다.

① ㉠, ㉡, ㉤ ② ㉠, ㉢, ㉤ ③ ㉠, ㉣, ㉤
④ ㉡, ㉢, ㉣ ⑤ ㉢, ㉣, ㉤

해설 ㉠ 주거기본법 제2조에서 주거권을 인정하고 있다.
㉣ 임대료 보조정책은 민간임대주택의 공급을 장기적으로 늘리고 시장임대료를 높인다.
㉤ 임대료를 균형가격 이하로 통제하면 민간임대주택의 공급량은 감소하고 질적수준은 저하된다.

Answers 48. ⑤ 49. ③

50 주택정책에 관한 설명으로 틀린 것은? ▶제31회

① 금융지원정책은 정부의 주택시장 간접개입방식에 속한다.
② 주택정책은 주거안정을 보장해 준다는 측면에서 복지기능도 수행한다.
③ 소득대비 주택가격비율(PIR)과 소득대비 임대료비율(RIR)은 주택시장에서 가구의 지불능력을 측정하는 지표이다.
④ 공공임대주택 공급정책은 입주자가 주거지를 자유롭게 선택할 수 있는 것이 장점이다.
⑤ 주거복지정책상 주거급여제도는 소비자보조방식의 일종이다.

해설 ④ 공공임대주택 공급정책은 입주자의 주거지 선택 자유가 제한되는 단점이 있다.

51 주택정책과 관련하여 다음에서 설명하는 도시 및 주거환경정비법령상 정비사업은? ▶제30회

정비기반시설이 열악하고 노후·불량건축물이 밀집한 지역에서 주거환경을 개선하거나 상업지역·공업지역 등에서 도시기능의 회복 및 상권활성화 등을 위하여 도시환경을 개선하기 위한 사업

① 재개발사업
② 주거환경개선사업
③ 도시환경사업
④ 재건축사업
⑤ 가로주택정비사업

해설 ① 재개발사업은 주거환경 개선사업뿐만 아니라 상업지역·공업지역 등 도시환경 개선사업도 포함한다.

Answers 50. ④ 51. ①

52 분양가규제에 관한 설명으로 틀린 것은? ▶제30회

① 주택법령상 분양가상한제 적용주택의 분양가격은 택지비와 건축비로 구성된다.
② 주택법령상 분양가상한제 적용주택 및 그 주택의 입주자로 선정된 지위에 대하여 전매를 제한할 수 있다.
③ 분양가상한제의 목적은 주택가격을 안정시키고 무주택자의 신규주택 구입부담을 경감시키기 위해서이다.
④ 주택법령상 국민주택건설사업을 추진하는 공공사업에 의하여 개발·조성되는 공동주택이 건설되는 용지에는 주택의 분양가격을 제한할 수 없다.
⑤ 분양가규제는 신규분양주택의 분양가격을 정부가 통제하는 것이다.

> **해설** ④ 주택법령상 공공사업에 의하여 개발·조성되는 공동주택이 건설되는 용지에 주택의 분양가격을 제한할 수 있다.

53 공공주택 특별법령상 공공임대주택에 관한 내용으로 옳은 것은 모두 몇 개인가? (단, 주택도시기금은 「주택도시기금법」에 따른 주택도시기금을 말함)

- 통합공공임대주택: 국가나 지방자치단체의 재정이나 주택도시기금의 자금을 지원받아 최저소득 계층, 저소득 서민, 젊은 층 및 장애인·국가유공자 등 사회 취약계층 등의 주거안정을 목적으로 공급하는 공공임대주택
- 행복주택: 국가나 지방자치단체의 재정이나 주택도시기금의 자금을 지원받아 대학생, 사회초년생, 신혼부부 등 젊은 층의 주거안정을 목적으로 공급하는 공공임대주택
- 장기전세주택: 국가나 지방자치단체의 재정이나 주택도시기금의 자금을 지원받아 전세계약의 방식으로 공급하는 공공임대주택
- 분양전환공공임대주택: 일정 기간 임대 후 분양전환 목적으로 공급하는 공공임대주택

① 0개 ② 1개 ③ 2개 ④ 3개 ⑤ 4개

> **해설** 공공주택 특별법 시행령 제2조

Answers 52. ④ 53. ⑤

54 공공주택 특별법령상 공공임대주택에 해당하지 않는 것은? ▶제33회

① 영구임대주택
② 국민임대주택
③ 분양전환공공임대주택
④ 공공지원민간임대주택
⑤ 기존주택등매입임대주택

해설 ④ 공공지원민간임대주택은 민간임대주택에 관한 특별법에 따른다.

55 공공주택 특별법령상 공공임대주택의 용어 정의로 틀린 것은? ▶제31회

① 국민임대주택은 국가나 지방자치단체의 재정이나 주택도시기금의 자금을 지원받아 대학생, 사회초년생, 신혼부부 등 젊은 층의 주거안정을 목적으로 공급하는 공공임대주택을 말한다.
② 영구임대주택은 국가나 지방자치단체의 재정을 지원받아 최저소득 계층의 주거안정을 위하여 50년 이상 또는 영구적인 임대를 목적으로 공급하는 공공임대주택을 말한다.
③ 장기전세주택은 국가나 지방자치단체의 재정이나 주택도시기금의 자금을 지원받아 전세계약의 방식으로 공급하는 공공임대주택을 말한다.
④ 분양전환공공임대주택은 일정 기간 임대 후 분양전환할 목적으로 공급하는 공공임대주택을 말한다.
⑤ 기존주택전세임대주택은 국가나 지방자치단체의 재정이나 주택도시기금의 자금을 지원받아 기존주택을 임차하여 국민기초생활 보장법에 따른 수급자 등 저소득층과 청년 및 신혼부부 등에게 전대(轉貸)하는 공공임대주택을 말한다.

해설 ① 행복주택에 관한 설명이다.

Answers 54.④ 55.①

56 주택의 여과과정(filtering process)과 주거분리에 관한 설명으로 틀린 것은? ▶제31회

① 주택의 하향 여과과정이 원활하게 작동하면 저급주택의 공급량이 감소한다.
② 저급주택이 재개발되어 고소득가구의 주택으로 사용이 전환되는 것을 주택의 상향 여과과정이라 한다.
③ 저소득가구의 침입과 천이 현상으로 인하여 주거입지의 변화가 야기될 수 있다.
④ 주택의 개량비용이 개량 후 주택가치의 상승분보다 크다면 하향 여과과정이 발생하기 쉽다.
⑤ 여과과정에서 주거분리를 주도하는 것은 고소득가구로 정(+)의 외부효과를 추구하고, 부(−)의 외부효과를 회피하려는 동기에서 비롯된다.

해설 ① 주택의 하향 여과과정이 원활하게 작동하면 저급주택의 공급량이 증가한다.

57 임대주택정책에 관한 설명으로 틀린 것은? (단, 다른 조건은 동일함) ▶제28회

① 임대료 보조정책은 저소득층의 실질소득 향상에 기여할 수 있다.
② 임대료 상한을 균형가격 이하로 규제하면 임대주택의 공급과잉현상을 초래한다.
③ 임대료 보조정책은 장기적으로 임대주택의 공급을 증가시킬 수 있다.
④ 정부의 규제임대료가 균형임대료보다 낮아야 저소득층의 주거비 부담 완화효과를 기대할 수 있다.
⑤ 임대료 규제란 주택 임대인이 일정 수준 이상의 임대료를 임차인에게 부담시킬 수 없도록 하는 제도다.

해설 ② 임대료 상한을 균형가격 이하로 규제하면 임대주택의 초과수요현상이 나타난다.

Answers 56. ① 57. ②

58 외부효과에 관한 설명으로 틀린 것은? ▶제26회

① 외부효과란 어떤 경제활동과 관련하여 거래당사자가 아닌 제3자에게 의도하지 않은 혜택이나 손해를 가져다 주면서도 이에 대한 대가를 받지도 지불하지도 않는 상태를 말한다.
② 정(+)의 외부효과가 발생하면 님비(NIMBY) 현상이 발생한다.
③ 인근지역에 쇼핑몰이 개발됨에 따라 주변 아파트가격이 상승하는 경우 정(+)의 외부효과가 나타난 것으로 볼 수 있다.
④ 부(-)의 외부효과를 발생시키는 시설의 경우, 발생된 외부효과를 제거 또는 감소시키기 위한 사회적 비용이 발생할 수 있다.
⑤ 여러 용도가 혼재되어 있어 인접지역 간 토지이용의 상충으로 인하여 토지시장의 효율적인 작동을 저해하는 경우, 부(-)의 외부효과가 발생할 수 있다.

해설 ② 정(+)의 외부효과가 발생하면 PIMFY(개발유치) 현상이 발생한다.

59 부동산조세에 관한 설명으로 옳은 것을 모두 고른 것은? ▶제35회

㉠ 양도소득세의 중과는 부동산 보유자로 하여금 매각을 앞당기게 하는 동결효과(lock-in effect)를 발생시킬 수 있다.
㉡ 재산세와 종합부동산세의 과세기준일은 매년 6월 1일로 동일하다.
㉢ 취득세와 상속세는 취득단계에서 부과하는 지방세이다.
㉣ 증여세와 양도소득세는 처분단계에서 부과하는 국세이다.

① ㉡ ② ㉠, ㉢ ③ ㉡, ㉣
④ ㉠, ㉢, ㉣ ⑤ ㉠, ㉡, ㉢, ㉣

해설 ㉠ 양도소득세의 중과는 매각을 미루게 하는 효과를 발생시킬 수 있다.
㉢ 취득세는 지방세이지만, 상속세는 국세이다.
㉣ 증여세는 취득단계에서 부과되는 국세이다.

Answers 58. ② 59. ①

60 부동산조세에 관한 설명으로 옳은 것을 모두 고른 것은? ▶제33회

> ㉠ 양도소득세와 부가가치세는 국세에 속한다.
> ㉡ 취득세와 등록면허세는 지방세에 속한다.
> ㉢ 상속세와 재산세는 부동산의 취득단계에 부과한다.
> ㉣ 증여세와 종합부동산세는 부동산의 보유단계에 부과한다.

① ㉠
② ㉠, ㉡
③ ㉡, ㉣
④ ㉠, ㉢, ㉣
⑤ ㉡, ㉢, ㉣

해설 ㉢ 재산세는 부동산의 보유단계에 부과한다.
㉣ 증여세는 부동산의 취득단계에 부과한다.

61 우리나라의 부동산 조세정책에 관한 설명으로 틀린 것은? ▶제31회

① 취득세 감면은 부동산 거래의 활성화에 기여할 수 있다.
② 증여세는 국세로서 취득단계에 부과하는 조세이다.
③ 양도소득세의 중과는 부동산 보유자로 하여금 매각을 뒤로 미루게 하는 동결효과(lock-in effect)를 발생시킬 수 있다.
④ 종합부동산세는 국세로서 보유단계에 보유하는 조세이다.
⑤ 재산세는 지방세로서 취득 단계에 부과하는 조세이다.

해설 ⑤ 재산세는 보유단계에 부과하는 조세이다.

Answers 60. ② 61. ⑤

62 부동산 관련 조세에서 ( )에 들어갈 내용으로 옳은 것은? ▶제30회

구분	보유단계	취득단계
국세	(㉠)	(㉢)
지방세	(㉡)	취득세

① ㉠ 종합부동산세, ㉡ 재산세, ㉢ 양도소득세
② ㉠ 종합부동산세, ㉡ 양도소득세, ㉢ 재산세
③ ㉠ 재산세, ㉡ 종합부동산세, ㉢ 양도소득세
④ ㉠ 재산세, ㉡ 양도소득세, ㉢ 종합부동산세
⑤ ㉠ 양도소득세, ㉡ 재산세, ㉢ 종합부동산세

> 해설 ① 종합부동산세와 양도소득세는 국세에 속하고, 재산세와 취득세는 지방세에 속한다.
> 종합부동산세와 재산세는 보유단계에 부과하고 양도소득세와 취득세는 취득단계에 부과한다.

63 토지세를 제외한 다른 모든 조세를 없애고 정부의 재정은 토지세만으로 충당하는 토지단일세를 주장한 학자는? ▶제35회

① 뢰쉬(A. Lösch)
② 레일리(W. Reilly)
③ 알론소(W. Alonso)
④ 헨리 조지(H. George)
⑤ 버제스(E. Burgess)

> 해설 ④ 헨리 조지는 빈곤 문제의 직접적 원인을 지대의 상승을 꼽으면서 토지가치단일세 도입을 해결방안으로 제시했다. 그가 주장한 토지가치단일세는 국가가 토지의 지대를 모두 조세로 징수한다는 것과 다른 조세 특히 노동소득에 대한 조세를 철폐하는 것을 골자로 한다.

Answers 62. ① 63. ④

Theme 05 부동산투자론

64 부동산투자분석 기법에 관한 설명으로 틀린 것은? ▶제35회

① 순현재가치법과 내부수익률법은 화폐의 시간가치를 반영한 투자분석방법이다.
② 복수의 투자안을 비교할 때 투자금액의 차이가 큰 경우, 순현재가치법과 내부수익률법은 분석결과가 서로 다를 수 있다.
③ 하나의 투자안에 있어 수익성지수가 1보다 크면 순현재가치는 0보다 크다.
④ 투자자산의 현금흐름에 따라 복수의 내부수익률이 존재할 수 있다.
⑤ 내부수익률법에서는 현금흐름의 재투자율로 투자자의 요구수익률을 가정한다.

> **해설** ⑤ 내부수익률법에서는 현금흐름의 재투자율로 투자자의 내부수익률을 가정한다.

65 부동산투자분석에 관한 설명으로 틀린 것은? ▶제34회

① 내부수익률은 수익성지수를 0으로, 순현재가치를 1로 만드는 할인율이다.
② 회계적 이익률법은 현금흐름의 시간적 가치를 고려하지 않는다.
③ 내부수익률법에서는 내부수익률과 요구수익률을 비교하여 투자여부를 결정한다.
④ 순현재가치법, 내부수익률법은 할인현금수지분석법에 해당한다.
⑤ 담보인정비율(LTV)은 부동산가치에 대한 융자액의 비율이다.

> **해설** ① 내부수익률은 수익성지수를 1로, 순현재가치를 0으로 만드는 할인율이다.

Answers 64. ⑤ 65. ①

66 부동산투자에 관한 설명으로 틀린 것은? (단, 다른 조건은 동일함) ▶제33회

① 투자자는 부동산의 자산가치와 운영수익의 극대화를 위해 효과적인 자산관리 운영전략을 수립할 필요가 있다.
② 금리상승은 투자자의 요구수익률을 상승시키는 요인이다.
③ 동일 투자자산이라도 개별투자자가 위험을 기피할수록 요구수익률이 높아진다.
④ 민감도분석을 통해 미래의 투자환경 변화에 따른 투자가치의 영향을 검토할 수 있다.
⑤ 순현재가치는 투자자의 내부수익률로 할인한 현금유입의 현가에서 현금유출의 현가를 뺀 값이다.

해설 ⑤ 순현재가치는 요구수익률로 할인한다.

67 부동산투자의 분석기법에 관한 설명으로 틀린 것은? (단, 다른 조건은 동일함) ▶제33회

① 수익률법과 승수법은 투자현금흐름의 시간가치를 반영하여 투자타당성을 분석하는 방법이다.
② 투자자산의 현금흐름에 따라 복수의 내부수익률이 존재할 수 있다.
③ 세후지분투자수익률은 지분투자액에 대한 세후현금흐름의 비율이다.
④ 투자의 타당성은 총투자액 또는 지분투자액을 기준으로 분석할 수 있으며, 총소득승수는 총투자액을 기준으로 분석하는 지표다.
⑤ 총부채상환비율(DTI)이 높을수록 채무불이행 위험이 높아진다.

해설 ① 수익률법과 승수법은 어림셈법으로 투자현금흐름의 시간가치를 반영하지 않는다.

Answers 66. ⑤ 67. ①

68. 부동산투자분석기법에 관한 설명으로 옳은 것은? ▶제32회

① 부동산투자분석기법 중 화폐의 시간가치를 고려한 방법에는 순현재가치법, 내부수익률법, 회계적 이익률법이 있다.
② 내부수익률이란 순현가를 '1'로 만드는 할인율이고, 기대수익률은 순현가를 '0'으로 만드는 할인율이다.
③ 어림셈법 중 순소득승수법의 경우 승수값이 작을수록 자본회수기간이 길어진다.
④ 순현가법에서는 재투자율로 시장수익률을 사용하고, 내부수익률법에서는 요구수익률을 사용한다.
⑤ 내부수익률법에서는 내부수익률이 요구수익률보다 작은 경우 해당 투자안을 선택하지 않는다.

> **해설**
> ① 회계적 이익률법은 포함되지 않는다.
> ② 내부수익률은 순현가를 0으로 만드는 할인율이고 수익성지수를 1로 만드는 할인율이다.
> ③ 승수값이 작을수록 자본회수기간이 짧아진다.
> ④ 순현가법에서는 재투자율로 요구수익률을 사용하고 내부수익률법에서는 내부수익률을 쓴다.

69. 부동산투자의 현금흐름 추정에 관한 설명으로 틀린 것은? ▶제30회

① 분산투자효과는 포트폴리오를 구성하는 투자자산 종목의 수를 늘릴수록 체계적 위험이 감소되어 포트폴리오 전체의 위험이 감소되는 것이다.
② 포트폴리오전략에서 구성자산 간에 수익률이 반대 방향으로 움직일 경우 위험감소의 효과가 크다.
③ 효율적 프런티어(효율적 전선)란 평균-분산 지배원리에 의해 모든 위험수준에서 최대의 기대수익률을 얻을 수 있는 포트폴리오의 집합을 말한다.
④ 효율적 프런티어(효율적 전선)의 우상향에 대한 의미는 투자자가 높은 수익률을 얻기 위해 많은 위험을 감수하는 것이다.
⑤ 포트폴리오 이론은 투자 시 여러 종목에 분산투자함으로써 위험을 분산시켜 안정된 수익을 얻으려는 자산투자이론이다.

> **해설** ① 분산투자를 하더라도 체계적 위험은 피할 수 없다. 분산투자효과는 포트폴리오를 구성하는 투자자산 종목의 수를 늘릴수록 비체계적 위험이 감소되므로 포트폴리오 전체의 위험이 감소된다.

Answers 68. ⑤ 69. ①

70 포트폴리오이론에 관한 설명으로 틀린 것은? (단, 다른 조건은 동일함) ▶제33회

① 개별자산의 기대수익률 간 상관계수가 "0"인 두 개의 자산으로 포트폴리오를 구성할 때 포트폴리오의 위험감소 효과가 최대로 나타난다.
② 포트폴리오의 기대수익률은 개별자산의 기대수익률을 가중평균하여 구한다.
③ 동일한 자산들로 포트폴리오를 구성하여도 개별자산의 투자비중에 따라 포트폴리오의 기대수익률과 분산은 다를 수 있다.
④ 무차별곡선은 투자자에게 동일한 효용을 주는 수익과 위험의 조합을 나타낸 곡선이다.
⑤ 최적 포트폴리오의 선정은 투자자의 위험에 대한 태도에 따라 달라질 수 있다.

> 해설 ① 상관계수가 "-1"일 때 위험감소 효과가 최대로 나타난다.

71 다음과 같은 투자안에서 부동산의 투자가치는? (단, 연간 기준이며, 주어진 조건에 한함) ▶제34회

- 무위험률: 3%
- 위험할증률: 4%
- 예상인플레이션율: 2%
- 예상순수익: 4,500만원

① 4억원   ② 4억 5천만원   ③ 5억원
④ 5억 5천만원   ⑤ 6억원

> 해설 • 투자가치 = 수익/수익률
> • 수익률 = 무위험률 + 위험할증률 + 예상인플레이션율 = 3% + 4% + 2% = 9%
> ∴ 투자가치 = 45,000,000/0.09 = 500,000,000원

72 甲은 아래 조건으로 부동산에 10억원을 투자하였다. 이에 관한 투자분석의 산출값으로 틀린 것은? (단, 주어진 조건에 한함) ▶제34회

- 순영업소득(NOI): 2억원/년
- 유효총소득승수: 4
- 원리금상환액: 2,000만원/년
- 지분투자액: 8억원

① 유효총소득은 2억 5천만원
② 부채비율은 25%
③ 지분환원율은 25%
④ 순소득승수는 5
⑤ 종합환원율은 20%

- 지분환원율(지분배당률) = 세전현금/지분투자액
  = (순영업소득 2억 − 원리금상환액 2천만)/8억 = 1억 8천만/8억 = 0.225 = 22.5%
- 유효총소득승수 = 4
  = 총투자액/유효총소득 = 10억/유효총소득
  ∴ 유효총소득은 2억 5천만원
- 부채비율 = 2억/8억 = 0.25 = 25%
- 순소득승수 = 10억/2억 = 5
- 종합환원율 = 2억/10억 = 0.2 = 20%

73 다음과 같은 조건에서 부동산 포트폴리오의 기대수익률(%)은? (단, 포트폴리오의 비중은 A부동산: 50%, B부동산: 50%임) ▶제24회

경제상황	각 경제상황이 발생할 확률(%)	각 경제상황에 따른 예상 수익률(%)	
		A부동산	B부동산
불황	40	20	10
호황	60	70	30

① 24
② 28
③ 32
④ 36
⑤ 40

- 불황일 때 A부동산과 B부동산의 평균기대수익률 = (20×0.5)+(10×0.5) = 15%
- 호황일 때 A부동산과 B부동산의 평균기대수익률 = (70×0.5)+(30×0.5) = 50%
∴ 포트폴리오의 기대수익률 = (15×0.4)+(50×0.6) = 36%

Answers 72. ③ 73. ④

74 화폐의 시간가치 계산에 관한 설명으로 옳은 것은? ▶제32회

① 현재 10억원인 아파트가 매년 2%씩 가격이 상승한다고 가정할 때, 5년 후의 아파트가격을 산정하는 경우 연금의 미래가치계수를 사용한다.
② 원리금균등상환방식으로 담보대출 받은 가구가 매월 상환할 금액을 산정하는 경우, 일시불의 현재가치계수를 사용한다.
③ 연금의 현재가치계수에 감채기금계수를 곱하면 일시불의 현재가치계수이다.
④ 임대기간 동안 월임대료를 모두 적립할 경우, 이 금액의 현재시점 가치를 산정한다면 감채기금계수를 사용한다.
⑤ 나대지에 투자하여 5년 후 8억원에 매각하고 싶은 투자자는 현재 이 나대지의 구입금액을 산정하는 경우, 저당상수를 사용한다.

> **해설** ① 일시불의 내가계수를 사용한다.
> ② 저당상수를 사용한다.
> ④ 연금의 현가계수를 사용한다.
> ⑤ 일시불의 현가계수를 사용한다.

75 화폐의 시간가치에 관한 설명으로 옳은 것을 모두 고른 것은? (단, 다른 조건은 동일함) ▶제30회

> ㉠ 은행으로부터 주택구입자금을 대출한 가구가 매월 상환할 금액을 산정하는 경우 감채기금계수를 사용한다.
> ㉡ 연금의 현재가치계수와 저당상수는 역수관계이다.
> ㉢ 연금의 미래가치란 매 기간마다 일정 금액을 불입해 나갈 때, 미래의 일정시점에서의 원금과 이자의 총액을 말한다.
> ㉣ 일시불의 현재가치계수는 할인율이 상승할수록 작아진다.

① ㉠ ② ㉡, ㉢ ③ ㉠, ㉡, ㉣
④ ㉡, ㉢, ㉣ ⑤ ㉠, ㉡, ㉢, ㉣

> **해설** ㉠ 은행으로부터 주택구입자금을 대출한 가구가 매월 상환할 금액을 산정하는 경우 저당상수를 사용한다.

Answers 74. ③ 75. ④

76 다음 자료는 A부동산의 1년간 운영수지이다. A부동산의 총투자액은 6억원이며, 투자자는 총투자액의 40%를 은행에서 대출받았다. 이 경우 순소득승수(㉠)와 세전현금흐름승수(㉡)는? (단, 주어진 조건에 한함) ▶제35회

- 가능총소득(PGI): 7,000만원
- 기타소득: 100만원
- 영업소득세: 500만원
- 용역비: 100만원
- 직원인건비: 200만원
- 공실손실상당액 및 대손충당금: 500만원
- 부채서비스액: 1,500만원
- 수선유지비: 200만원
- 재산세: 100만원

① ㉠: 9.0, ㉡: 8.0
② ㉠: 9.0, ㉡: 9.0
③ ㉠: 9.0, ㉡: 10.0
④ ㉠: 10.0, ㉡: 8.0
⑤ ㉠: 10.0, ㉡: 9.0

해설
- 투자자가 대출받은 금액은 총투자액 6억의 40% = 3억 6천만원
- 가능총소득(PGI) 7000만원 − 공실 및 불량부채 500만원 + 기타소득 100만원 = 유효총소득(EGI) 6,600만원
- 유효총소득 6,600만원 − 영업경비 600만원 = 순영업소득(NOI) 6000만원
- 순소득승수 = 총투자액/순영업소득 = 6억원/6000만원 = 10
- 세전현금흐름승수 = 지분투자액/세전현금흐름 = 3억 6천만원/4500만원 = 8

Answers 76. ④

77 다음 자료는 A부동산의 1년간 운영수지이다. A부동산의 세후현금흐름승수는? (단, 주어진 조건에 한함) ▶제34회

- 총투자액: 50,000만원
- 가능총소득(PGI): 6,000만원
- 재산세: 500만원
- 영업소득세: 400만원
- 지분투자액: 36,000만원
- 공실률: 15%
- 원리금상환액: 600만원

① 8 ② 10 ③ 12
④ 15 ⑤ 20

 • 세후현금흐름승수 = 투자액/수익 = 지분투자액/세후현금흐름
- 순영업소득 = 가능총소득 - 공실률 = 6,000만원 - (6,000×15%) = 4,600만원
- 세후현금흐름 = 순영업소득 - 부채서비스액 - 영업소득세
  = 4,600만원 - 600만원 - 400만원 = 3,600만원
∴ 세후현금흐름승수 = 36,000/3,600 = 10

78 대형마트가 개발된다는 다음과 같은 정보가 있을 때 합리적인 투자자가 최대한 지불할 수 있는 이 정보의 현재가치는? (단, 주어진 조건에 한함) ▶제33회

- 대형마트 개발예정지 인근에 일단의 A토지가 있다.
- 2년 후 대형마트가 개발될 가능성은 45%로 알려져 있다.
- 2년 후 대형마트가 개발되면 A토지의 가격은 12억 1,000만원, 개발되지 않으면 4억 8,400만원으로 예상된다.
- 투자자의 요구수익률(할인율)은 연 10%이다.

① 3억 1,000만원 ② 3억 2,000만원 ③ 3억 3,000만원
④ 3억 4,000만원 ⑤ 3억 5,000만원

 • 개발되는 경우와 개발되지 않는 경우의 차액 = 12억 1천만원 - 4억 8,400만원 = 7억 2,600만원
- 2년간 할인 = 7억 2,600만원 ÷ 1.1 ÷ 1.1 = 6억원
- 2년 후 개발되지 않을 가능성 = 55%
∴ 6억원 × 0.55 = 3억 3,000만원

Answers 77. ② 78. ③

79 5년 후 1억원의 현재가치는? (단, 주어진 조건에 한함) ▶제28회

- 할인율: 연 7%(복리 계산)
- 최종 현재가치 금액은 십만 원 자리 반올림함.

① 6,100만원 ② 6,600만원 ③ 7,100만원
④ 7,600만원 ⑤ 8,100만원

해설 일시불의 현가계수는 $\frac{1}{(1+r)^n}$이다.
∴ 1억 × $\frac{1}{(1+0.07)^5}$ ≒ 7,100만원이다.

80 A는 매월 말에 50만원씩 5년 동안 적립하는 적금에 가입하였다. 이 적금의 명목금리는 연 3%이며, 월복리 조건이다. 이 적금의 미래가치를 계산하기 위한 식으로 옳은 것은? (단, 주어진 조건에 한함) ▶제31회

① $500{,}000 \times \left\{ \dfrac{(1+0.03)^5 - 1}{0.03} \right\}$

② $500{,}000 \times \left\{ \dfrac{\left(1+\dfrac{0.03}{12}\right)^{5 \times 12} - 1}{\dfrac{0.03}{12}} \right\}$

③ $500{,}000 \times \left(1 + \dfrac{0.03}{12}\right)^{5 \times 12}$

④ $500{,}000 \times \left\{ \dfrac{0.03}{1 - (1+0.03)^{-5}} \right\}$

⑤ $500{,}000 \times \left\{ \dfrac{\dfrac{0.03}{12}}{1 - \left(1 + \dfrac{0.03}{12}\right)^{-5 \times 12}} \right\}$

해설 ② 연금의 내가계수를 12개월로 보정한 수식이다.
① 연 단위로 구할 때의 식이다. 월단위로 구해야 하므로 12개월로 보정한 수식이 필요하다.

Answers 79. ③ 80. ②

81 다음 자료를 활용하여 산정한 대상 부동산의 순소득승수는? (단, 주어진 조건에 한함) ▶제33회

- 총투자액: 10,000만원
- 지분투자액 : 6,000만원
- 가능총소득(PGI): 1,100만원/년
- 유효총소득(EGI): 1,000만원/년
- 영업비용(OE): 500만원/년
- 부채서비스액(DS): 260만원/년
- 영업소득세: 120만원/년

① 6 ② 9 ③ 10
④ 12 ⑤ 20

해설 ⑤ 순소득승수 = $\dfrac{\text{총투자액}}{\text{순영업소득}}$ = $\dfrac{\text{총투자액}}{\text{유효총소득} - \text{영업비용}}$ = $\dfrac{1억}{5백\,만}$ = 20

82 부동산투자와 관련한 재무비율과 승수를 설명한 것으로 틀린 것은? ▶제26회

① 동일한 투자안의 경우, 일반적으로 순소득승수가 총소득승수보다 크다.
② 동일한 투자안의 경우, 일반적으로 세전현금수지승수가 세후현금수지승수보다 크다.
③ 부채감당률(DCR)이 1보다 작으면, 투자로부터 발생하는 순영업소득이 부채서비스액을 감당할 수 없다고 판단된다.
④ 담보인정비율(LTV)을 통해서 투자자가 재무레버리지를 얼마나 활용하고 있는지를 평가할 수 있다.
⑤ 총부채상환비율(DTI)은 차입자의 상환능력을 평가할 때 사용할 수 있다.

해설 ② 일반적으로 세전현금수지가 세후현금수지보다 작다. 세후현금수지승수가 세전현금수지승수에 비하여 분모가 작기 때문에 승수가 커진다.
- 세전현금수지승수 = 지분투자액/세전현금수지
- 세후현금수지승수 = 지분투자액/세후현금수지

Answers 81. ⑤ 82. ②

83 다음의 자료를 통해 산정한 값으로 틀린 것은? (단, 주어진 조건에 한함) ▶제26회

> - 총투자액: 10억원
> - 지분투자액: 6억원
> - 세전현금수지: 6,000만원/년
> - 부채서비스액: 4,000만원/년
> - (유효)총소득승수: 5

① (유효)총소득: 2억원/년
② 순소득승수: 10
③ 세전현금수지승수: 10
④ (종합)자본환원율: 8%
⑤ 부채감당률: 2.5

해설
- 유효총소득 계산
  유효총소득승수 = 5 = 총투자액 10억/유효총소득
  ∴ 유효총소득 = 2억
- 세금현금수지 계산내역

가능총소득	
− 공실 & 불량부채	
+ 기타소득	
유효총소득	2억
− 영업경비	−1억
순영업소득	1억
− 부채서비스액	−4천만
세전현금수지	6천만
− 영업소득세	
세후현금수지	

④ (종합)자본환원율 = 1억/10억 = 10%
① (유효)총소득: 2억원/년
② 순소득승수 = 10억/1억 = 10
③ 세전현금수지승수 = 6억/6천만 = 10
⑤ 부채감당률 = 1억/4천만 = 2.5

Answers 83. ④

84 다음은 시장전망에 따른 자산의 투자수익률을 합리적으로 예상한 결과이다. 이에 관한 설명으로 틀린 것은? (단, 주어진 조건에 한함) ▶제35회

시장전망	발생확률	예상수익률			
		자산 A	자산 B	자산 C	자산 D
낙관적	25%	6%	10%	9%	14%
정상적	50%	4%	4%	8%	8%
비관적	25%	2%	−2%	7%	2%
평균(기댓값)		4.0%	4.0%	8.0%	8.0%
표준편차		1.41%	4.24%	0.71%	4.24%

① 자산 A와 자산 B는 동일한 기대수익률을 가진다.
② 낙관적 시장전망에서는 자산 D의 수익률이 가장 높다.
③ 자산 C와 자산 D는 동일한 투자위험을 가진다.
④ 평균−분산 지배원리에 따르면 자산 C는 자산 A보다 선호된다.
⑤ 자산 A, B, C, D로 구성한 포트폴리오의 수익과 위험은 각 자산의 투자비중에 따라 달라진다.

> **해설** ③ 자산 C의 표준편차는 0.71%로 자산 D의 표준편차 4.24%보다 작다. 따라서 투자위험은 자산 C가 자산 D보다 작다.

85 부동산투자수익률에 관한 설명으로 옳은 것은? (단, 위험회피형 투자자를 가정함) ▶제32회

① 기대수익률이 요구수익률보다 높을 경우 투자자는 투자가치가 있는 것으로 판단한다.
② 기대수익률은 투자에 대한 위험이 주어졌을 때, 투자자가 투자부동산에 대하여 자금을 투자하기 위해 충족되어야 할 최소한의 수익률을 말한다.
③ 요구수익률은 투자가 이루어진 후 현실적으로 달성된 수익률을 말한다.
④ 요구수익률은 투자에 수반되는 위험이 클수록 작아진다.
⑤ 실현수익률은 다른 투자의 기회를 포기한다는 점에서 기회비용이라고도 한다.

> **해설** ② 요구수익률에 대한 설명이다.
> ③ 실현수익률에 대한 설명이다.
> ④ 요구수익률은 투자에 수반되는 위험이 클수록 커진다.
> ⑤ 요구수익률에 대한 설명이다.

Answers 84. ③ 85. ①

86 부동산 운영수지분석에 관한 설명으로 틀린 것은? ▶제28회

① 가능총소득은 단위면적당 추정 임대료에 임대면적을 곱하여 구한 소득이다.
② 유효총소득은 가능총소득에서 공실손실상당액과 불량부채액(충당금)을 차감하고, 기타 수입을 더하여 구한 소득이다.
③ 순영업소득은 유효총소득에 각종 영업외수입을 더한 소득으로 부동산 운영을 통해 순수하게 귀속되는 영업소득이다.
④ 세전현금흐름은 순영업소득에서 부채서비스액을 차감한 소득이다.
⑤ 세후현금흐름은 세전현금흐름에서 영업소득세를 차감한 소득이다.

해설 ③ 순영업소득은 유효총소득에서 영업경비를 뺀 금액이다.

87 부채감당률(debt coverage ratio)에 관한 설명으로 틀린 것은? ▶제28회

① 부채감당률이란 순영업소득이 부채서비스액의 몇 배가 되는가를 나타내는 비율이다.
② 부채서비스액은 매월 또는 매년 지불하는 이자지급액을 제외한 원금상환액을 말한다.
③ 부채감당률이 2, 대부비율이 50%, 연간 저당상수가 0.1이라면 (종합)자본환원율은 10%이다.
④ 부채감당률이 1보다 작다는 것은 순영업소득이 부채서비스액을 감당하기에 부족하다는 것이다.
⑤ 대출기관이 채무불이행 위험을 낮추기 위해서는 해당 대출조건의 부채감당률을 높이는 것이 유리하다.

해설 ② 부채서비스액은 매월 또는 매년 지불하는 이자지급액을 포함한 원리금상환액을 말한다.

Answers 86. ③   87. ②

88 甲은 시장가치 5억원의 부동산을 인수하고자 한다. 해당 부동산의 부채감당률(DCR)은? (단, 모든 현금 유출입은 연말에만 발생하며, 주어진 조건에 한함) ▶제34회

- 담보인정비율(LTV): 시장가치의 50 %
- 연간 저당상수: 0.12
- 가능총소득(PGI): 5,000만원
- 공실손실상당액 및 대손충당금: 가능총소득의 10 %
- 영업경비비율: 유효총소득의 28 %

① 1.08 ② 1.20 ③ 1.50
④ 1.67 ⑤ 1.80

해설 부채감당률 = 순영업소득/부채서비스액(원리금)
- 원리금 = 대출액×저당상수 = 2억 5천(담보인정비율인 시장가치의 50%)×0.12 = 3,000만
- 가능총소득 − 공실 및 임료미수 + 기타소득 = 유효총소득
  − 5천만 − 5백만(가능총소득의 10%) = 4,500만
- 순영업소득 = 유효총소득 − 영업경비 = 4,500만 − (4,500만×28%) = 4,500만 − 1,260만 = 3,240만
∴ 부채감당률 = 순영업소득/부채서비스액(원리금) = 3,240만/3,000만 = 1.08

Answers 88. ①

89 수익성지수(Profit Index)법에 의한 부동산사업의 투자분석으로 틀린 것은? (단, 사업기간 모두 1년, 할인율은 연 10%이며, 주어진 조건에 한함) ▶제25회

사업	현금지출 (2013. 1. 1.)	현금유입 (2013. 12. 31.)
A	100만원	121만원
B	120만원	130만원
C	150만원	180만원
D	170만원	200만원

① A사업은 B사업의 수익성지수보다 크다.
② C사업은 D사업의 수익성지수보다 크다.
③ A사업에만 투자하는 경우는 A와 B사업에 투자하는 경우보다 수익성지수가 더 크다.
④ D사업에만 투자하는 경우는 C와 D사업에 투자하는 경우보다 수익성지수가 더 크다.
⑤ 수익성지수가 가장 작은 사업은 B이다.

> **해설** ④ D사업에만 투자하는 경우는 C와 D사업에 투자하는 경우보다 수익성지수가 더 작다.
> • A: 121/(1+0.1) = 110/100 = 1.1   • B: 130/(1+0.1) = 118/120 = 0.98
> • C: 180/(1+0.1) = 164/150 = 1.09   • D: 200/(1+0.1) = 181/170 = 1.06
> ∴ C와 D사업에 투자하는 경우 수익성지수 = (164+181)/(150+170) = 1.078

90 부동산투자에 관한 설명으로 틀린 것은? (단, 주어진 조건에 한함) ▶제34회

① 시중금리 상승은 부동산투자자의 요구수익률을 하락시키는 요인이다.
② 기대수익률은 투자로 인해 기대되는 예상수입과 예상지출로부터 계산되는 수익률이다.
③ 정(+)의 레버리지효과는 자기자본수익률이 총자본수익률(종합수익률)보다 높을 때 발생한다.
④ 요구수익률은 투자에 대한 위험이 주어졌을 때, 투자자가 대상부동산에 자금을 투자하기 위해 충족되어야 할 최소한의 수익률이다.
⑤ 부동산투자자는 담보대출과 전세를 통해 레버리지를 활용할 수 있다.

> **해설** ① 금리의 상승은 위험률이 올라가는 것이므로 요구수익률을 상승하게 하는 요인이다.
> • 요구수익률은 투자에 대한 위험을 고려하여 투자자가 대상 부동산에 자금을 투자하기 위해 충족되어야 할 최소한의 수익률을 말한다.
> • 요구수익률 = 무위험률 + 위험할증률 + 인플레 보상률

Answers 89.④ 90.①

91 부동산투자 위험에 관한 설명으로 옳은 것을 모두 고른 것은? ▶제34회

> ㉠ 표준편차가 작을수록 투자에 수반되는 위험은 커진다.
> ㉡ 위험회피형 투자자는 변이계수(변동계수)가 작은 투자안을 더 선호한다.
> ㉢ 경기침체, 인플레이션 심화는 비체계적 위험에 해당한다.
> ㉣ 부동산투자자가 대상부동산을 원하는 시기와 가격에 현금화하지 못하는 경우는 유동성위험에 해당한다.

① ㉠, ㉡　　　② ㉠, ㉢　　　③ ㉡, ㉢
④ ㉡, ㉣　　　⑤ ㉢, ㉣

해설 ㉠ 표준편차가 작을수록 투자 위험은 작아진다.
　　 ㉢ 체계적 위험에 해당한다.

92 부동산투자의 분석기법 및 위험에 관한 설명으로 옳은 것을 모두 고른 것은? (단, 주어진 조건에 한함) ▶제34회

> ㉠ 경기침체로 부동산 수익성 악화가 야기하는 위험은 사업위험(business risk)에 해당한다.
> ㉡ 공실률, 부채서비스액은 유효총소득을 산정하는 데 필요한 항목이다.
> ㉢ 위험회피형 투자자의 최적 포트폴리오는 투자자의 무차별곡선과 효율적 프론티어의 접점에서 선택된다.
> ㉣ 포트폴리오를 통해 제거 가능한 체계적인 위험은 부동산의 개별성에 기인한다.
> ㉤ 민감도분석을 통해 투입요소의 변화가 그 투자안의 내부수익률에 미치는 영향을 분석할 수 있다.

① ㉠, ㉡, ㉢　　　② ㉠, ㉢, ㉤　　　③ ㉠, ㉣, ㉤
④ ㉡, ㉢, ㉣, ㉤　　　⑤ ㉠, ㉡, ㉢, ㉣, ㉤

해설 ㉡ 유효총소득을 산정하는 데 부채서비스액은 필요하지 않다.
　　 ㉣ 체계적인 위험은 제거가 불가능하다.

Answers　91. ④　92. ②

93 부동산투자의 수익과 위험에 관한 설명으로 틀린 것은? (단, 다른 조건은 동일함) ▶제29회

① 기대수익률이 요구수익률보다 클 경우 투자안이 채택된다.
② 개별부동산의 특성으로 인한 비체계적 위험은 포트폴리오의 구성을 통해 감소될 수 있다.
③ 무위험률의 하락은 투자자의 요구수익률을 상승시키는 요인이다.
④ 투자자가 대상부동산을 원하는 시기에 현금화하지 못할 가능성은 유동성 위험에 해당한다.
⑤ 평균-분산 지배원리로 투자 선택을 할 수 없을 때 변동계수(변이계수)를 활용하여 투자안의 우위를 판단할 수 있다.

> 해설 ③ 요구수익률 = 무위험률 + 위험할증률이므로 무위험률의 하락은 요구수익률을 하락시킨다.

94 투자타당성분석에 관한 설명으로 옳은 것은? ▶제28회

① 내부수익률은 순현가를 '0'보다 작게 하는 할인율이다.
② 수익성지수는 순현금 투자지출 합계의 현재가치를 사업기간 중의 현금수입 합계의 현재가치로 나눈 상대지수이다.
③ 순현가는 현금유입의 현재가치에서 현금유출의 현재가치를 뺀 값이다.
④ 회수기간은 투자시점에서 발생한 비용을 회수하는 데 걸리는 기간을 말하며, 회수기간법에서는 투자안 중에서 회수기간이 가장 장기인 투자안을 선택한다.
⑤ 순현가법과 내부수익률법에서는 투자판단기준을 위한 할인율로써 요구수익률을 사용한다.

> 해설 ① 내부수익률은 순현가를 '0'으로 만드는 할인율이다.
> ② 수익성지수는 현금수입 합계의 현재가치를 순현금 투자지출 합계의 현재가치로 나눈 상대지수이다.
> ④ 회수기간은 투자시점에서 발생한 비용을 회수하는 데 걸리는 기간을 말하며, 회수기간법에서는 투자안 중에서 회수기간이 가장 단기인 투자안을 선택한다.
> ⑤ 순현가법은 투자판단기준을 위한 할인율로써 요구수익률을, 내부수익률법에서는 내부수익률을 사용한다.

Answers 93. ③ 94. ③

95 부동산투자분석기법 중 비율분석법에 관한 설명으로 틀린 것은? ▶제28회

① 채무불이행률은 유효총소득이 영업경비와 부채서비스액을 감당할 수 있는 능력이 있는지를 측정하는 비율이며, 채무불이행률을 손익분기율이라고도 한다.
② 대부비율은 부동산가치에 대한 융자액의 비율을 가리키며, 대부비율을 저당비율이라고도 한다.
③ 부채비율은 부채에 대한 지분의 비율이며, 대부비율이 50%일 경우에는 부채비율은 100%가 된다.
④ 총자산회전율은 투자된 총자산에 대한 총소득의 비율이며, 총소득으로 가능총소득 또는 유효총소득이 사용된다.
⑤ 비율분석법의 한계로는 요소들에 대한 추계산정의 오류가 발생하는 경우에 비율 자체가 왜곡될 수 있다는 점을 들 수 있다.

> **해설** ③ 부채비율은 지분에 대한 부채의 비율이다.

96 부동산투자에서 (㉠) 타인자본을 40% 활용하는 경우와 (㉡) 타인자본을 활용하지 않는 경우, 각각의 1년 간 자기자본수익률(%)은? (단, 주어진 조건에 한함) ▶제33회

- 부동산 매입가격: 20,000만원
- 1년 후 부동산 처분
- 순영업소득(NOI): 연 700만원(기간 말 발생)
- 보유기간 동안 부동산가격 상승률: 연 3%
- 대출조건: 이자율 연 5%, 대출기간 1년, 원리금은 만기일시상환

① ㉠ 7.0, ㉡ 6.0　　② ㉠ 7.0, ㉡ 6.5　　③ ㉠ 7.5, ㉡ 6.0
④ ㉠ 7.5, ㉡ 6.5　　⑤ ㉠ 7.5, ㉡ 7.0

> **해설**
> - 총수입 = 순영업소득+부동산 상승 가격 = 700만원+2억×3% = 1,300만원
> ㉠ 부동산 매입가격 2억, 타인자본 40% 8천만 원, 자기지분 1억 2천만원
> 대출이자 = 8천만 원×5% = 400만원
> 자기자본수익률 = $\dfrac{\text{총수입} - \text{대출이자}}{\text{지분}}$ = $\dfrac{1300만-400만}{1억 2천}$ = 7.5
> ㉡ 자기자본수익률 = $\dfrac{\text{총수입}}{\text{지분}}$ = $\dfrac{1300만}{2억}$ = 6.5

Answers　95. ③　96. ④

97 부동산투자분석의 현금흐름 계산에서 (가) 순영업소득과 (나) 세전지분복귀액을 산정하는 데 각각 필요한 항목을 모두 고른 것은? (단, 투자금의 일부를 타인자본으로 활용하는 경우를 가정함) ▶제29회

| ㉠ 기타 소득 | ㉡ 매도비용 | ㉢ 취득세 |
| ㉣ 미상환저당잔금 | ㉤ 재산세 | ㉥ 양도소득세 |

① (가) ㉢   (나) ㉣
② (가) ㉠, ㉤   (나) ㉡, ㉣
③ (가) ㉠, ㉤   (나) ㉡, ㉥
④ (가) ㉠, ㉢, ㉤   (나) ㉡, ㉥
⑤ (가) ㉠, ㉢, ㉤   (나) ㉡, ㉣, ㉥

해설 (가) 가능조소득 − 공실 및 불량부채 + 기타소득 = 유효조소득 − 영업경비 = 순영업소득
그러므로 ㉠ 기타소득과 영업경비에 포함되는 ㉤ 재산세가 필요하다.
(나) 매도가격 − 매도비용 = 순매도액 − 미상환저당잔금 = 세전지분복귀액
그러므로 ㉡ 매도비용과 ㉣ 미상환저당잔금이 필요하다.

98 복합쇼핑몰 개발사업이 진행된다는 정보가 있다. 다음과 같이 주어진 조건하에서 합리적인 투자자가 최대한 지불할 수 있는 이 정보의 현재가치는? (단, 주어진 조건에 한함) ▶제29회

- 복합쇼핑몰 개발예정지 인근에 일단의 A토지가 있다.
- 2년 후 도심에 복합쇼핑몰이 개발될 가능성은 50%로 알려져 있다.
- 2년 후 도심에 복합쇼핑몰이 개발되면 A토지의 가격은 6억 500만원, 개발되지 않으면 3억 250만원으로 예상된다.
- 투자자의 요구수익률(할인율)은 연 10%이다.

① 1억 500만원   ② 1억 1,000만원   ③ 1억 1,500만원
④ 1억 2,000만원 ⑤ 1억 2,500만원

 해설
- 정보의 현재가치 = 정보를 알 경우의 현재가치 − 정보를 모를 경우의 현재가치
- 정보를 알 경우의 현재가치 = 6억 5백/$(1 + 0.1)^2$ = 5억원
- 정보를 모를 경우의 현재가치 = (6억 5백 × 0.5) + (3억 250만 × 0.5)/$(1 + 0.1)^2$ = 3억 7,500만원
- ∴ 5억원 − 3억 7,500만원 = 1억 2,500만원

Answers 97. ②   98. ⑤

99 부동산투자의 현금흐름 추정에 관한 설명으로 틀린 것은? ▶제30회

① 순영업소득은 유효총소득에서 영업경비를 차감한 소득을 말한다.
② 영업경비는 부동산 운영과 직접 관련 있는 경비로, 광고비, 전기세, 수선비가 이에 해당된다.
③ 세전현금흐름은 지분투자자에게 귀속되는 세전소득을 말하는 것으로, 순영업소득에 부채서비스액(원리금상환액)을 가산한 소득이다.
④ 세전지분복귀액은 자산의 순매각금액에서 미상환 저당잔액을 차감하여 지분투자자의 몫으로 되돌아오는 금액을 말한다.
⑤ 부동산투자에 대한 대가는 보유 시 대상부동산의 운영으로부터 나오는 소득이득과 처분 시의 자본이득의 형태로 나타난다.

해설 ③ 세전현금흐름은 지분투자자에게 귀속되는 세전소득으로 순영업소득에서 부채서비스액(원리금상환액)을 차감한 소득이다.

100 부동산투자의 할인현금흐름기법(DCF)과 관련된 설명으로 틀린 것은? ▶제30회

① 내부수익률(IRR)은 투자로부터 발생하는 현재와 미래현금흐름의 순현재가치를 1로 만드는 할인율을 말한다.
② 순현재가치(NPV)는 투자자의 요구수익률로 할인한 현금유입의 현가에서 현금유출의 현가를 뺀 값이다.
③ 할인현금흐름기법이란 부동산투자로부터 발생하는 현금흐름을 일정한 할인율로 할인하는 투자의사결정 기법이다.
④ 수익성지수(PI)는 투자로 인해 발생하는 현금유입의 현가를 현금유출의 현가로 나눈 비율이다.
⑤ 민감도분석은 모형의 투입요소가 변화함에 따라, 그 결과치인 순현재가치와 내부수익률이 어떻게 변화하는지를 분석하는 것이다.

해설 ① 내부수익률은 순현재가치를 '0'으로 만드는 할인율을 말한다.

Answers 99. ③ 100. ①

101 상가 경제상황별 예측된 확률이 다음과 같을 때, 상가의 기대수익률이 8%라고 한다. 정상적 경제상황의 경우 (   )에 들어갈 예상수익률은? (단, 주어진 조건에 한함) ▶제30회

상가의 경제상황		경제상황별 예상수익률(%)	상가의 기대수익률(%)
상황별	확률(%)		
비관적	20	4	8
정상적	40	( )	
낙관적	40	10	

① 4 ② 6 ③ 8
④ 10 ⑤ 12

> **해설** ③ 정상적인 경우 예상수익률이 x%라면, 0.2×4%+0.4×x%+0.4×10% = 8%에서, 0.4×x% = 3.2%이다. 따라서 x = 8이다.

102 비율분석법을 이용하여 산출한 것으로 틀린 것은? (단, 주어진 조건에 한하며, 연간 기준임) ▶제30회

- 주택담보대출액: 1억원
- 주택담보대출의 연간 원리금상환액: 500만원
- 부동산가치: 2억원
- 차입자의 연소득: 1,250만원
- 가능총소득: 2,000만원
- 공실손실상당액 및 대손충당금: 가능총소득의 25%
- 영업경비: 가능총소득의 50%

① 담보인정비율(LTV) = 0.5
② 부채감당률(DCR) = 1.0
③ 총부채상환비율(DTI) = 0.4
④ 채무불이행률(DR) = 1.0
⑤ 영업경비비율(OER, 유효총소득 기준) = 0.8

> **해설** ⑤ 영업경비비율(OER) = 영업경비/유효총소득 = 1,000만 원/1,500만원 = 0.66
> ① 담보인정비율(LTV) = 주택담보대출액/부동산의 가치 = 1억원/2억원 = 0.5
> ② 부채감당률(DCR) = 순영업 소득/부채서비스액(원리금상환액) = (2,000만원×0.25)/500 = 1.0
> ③ 총부채상환비율(DTI) = 연간 원리금상환액/차입자의 연소득 = 500만원/1,250만원 = 0.4
> ④ 채무불이행률(DR) = (영업경비+부채서비스액)/유효총소득 = (1,000만원+500만원)/1,500 = 1.0

Answers 101. ③ 102. ⑤

103 임대인 A와 임차인 B는 임대차계약을 체결하려고 한다. 향후 3년간 순영업소득의 현재가치 합계는? (단, 주어진 조건에 한하며, 모든 현금유출입은 매 기간 말에 발생함) ▶제30회

- 연간 임대료는 1년차 5,000만 원에서 매년 200만원씩 증가
- 연간 영업경비는 1년차 2,000만 원에서 매년 100만원씩 증가
- 1년 후 일시불의 현가계수 0.95
- 2년 후 일시불의 현가계수 0.90
- 3년 후 일시불의 현가계수 0.85

① 8,100만원   ② 8,360만원   ③ 8,620만원
④ 9,000만원   ⑤ 9,300만원

해설
- 1년차 현재가치
  가능조소득(5,000만원)−영업경비(2,000만원) = 순영업소득(3,000만원)×현가계수(0.95) = 2,850만원
- 2년차 현재가치
  가능조소득(5,200만원)−영업경비(2,100만원) = 순영업소득(3,100만원)×현가계수(0.9) = 2,790만원
- 3년차 현재가치
  가능조소득(5,400만원)−영업경비(2,200만원) = 순영업소득(3,200만원)×현가계수(0.85) = 2,720만원
- 3년간 순영업소득의 현재가치 합계 = 2,850만원+2,790만원+2,720만원 = 8,360만원

104 자본환원율에 관한 설명으로 틀린 것은? (단, 다른 조건은 동일함) ▶제35회

① 자본환원율은 순영업소득을 부동산의 가격으로 나누어 구할 수 있다.
② 부동산시장이 균형을 이루더라도 자산의 유형, 위치 등 특성에 따라 자본환원율이 서로 다른 부동산들이 존재할 수 있다.
③ 자본환원율은 자본의 기회비용을 반영하며, 금리의 상승은 자본환원율을 낮추는 요인이 된다.
④ 투자위험의 증가는 자본환원율을 높이는 요인이 된다.
⑤ 서로 다른 유형별, 지역별 부동산시장을 비교하여 분석하는 데 활용될 수 있다.

해설 ③ 회수금리의 상승은 자본환원율을 높이는 요인이 된다.

Answers 103. ② 104. ③

105 자본환원율에 관한 설명으로 틀린 것은? (단, 다른 조건은 동일함) ▶제33회

① 자본환원율은 시장추출법, 조성법, 투자결합법 등을 통해 구할 수 있다.
② 자본환원율은 자본의 기회비용을 반영하며, 금리의 상승은 자본환원율을 높이는 요인이 된다.
③ 순영업소득(NOI)이 일정할 때 투자수요의 증가로 인한 자산가격 상승은 자본환원율을 높이는 요인이 된다.
④ 투자위험의 감소는 자본환원율을 낮추는 요인이 된다.
⑤ 부동산시장이 균형을 이루더라도 자산의 유형, 위치 등 특성에 따라 자본환원율이 서로 다른 부동산들이 존재할 수 있다.

> **해설** ③ 순영업소득(NOI)이 일정할 때 투자수요의 증가로 인한 자산가격 상승은 자본환원율을 낮추는 요인이 된다.

106 자본환원율에 관한 설명으로 옳은 것을 모두 고른 것은? (단, 다른 조건은 동일함) ▶제31회

> ㉠ 자본의 기회비용을 반영하므로, 자본시장에서 시장금리가 상승하면 함께 상승한다.
> ㉡ 부동산 자산이 창출하는 순영업소득에 해당 자산의 가격을 곱한 값이다.
> ㉢ 자산가격 상승에 대한 투자자들의 기대를 반영한다.
> ㉣ 자본환원율이 상승하면 자산가격이 상승한다.
> ㉤ 프로젝트의 위험이 높아지면 자본환원율도 상승한다.

① ㉠, ㉡　　　　　② ㉠, ㉢, ㉤　　　　　③ ㉡, ㉢, ㉣
④ ㉡, ㉣, ㉤　　　⑤ ㉠, ㉢, ㉣, ㉤

> **해설** ㉡ 자본환원율은 순영업소득을 해당 자산의 가격으로 나눈 값이다.
> 환원이율(종합자본환원율) = 순영업소득/부동산가액
> ㉣ 부동산가액 = 순영업소득/환원이율
> ∴분모인 환원이율이 상승하면 가액은 내려간다.

Answers　105. ③　106. ②

107 향후 2년간 현금흐름을 이용한 다음 사업의 수익성지수(PI)는? (단, 연간 기준이며, 주어진 조건에 한함) ▶제31회

- 모든 현금의 유입과 유출은 매년 말에만 발생
- 현금유입은 1년차 1,000만원, 2년차 1,200만원
- 현금유출은 현금유입의 80%
- 1년 후 일시불의 현가계수 0.95
- 2년 후 일시불의 현가계수 0.90

① 1.15 ② 1.20 ③ 1.25
④ 1.30 ⑤ 1.35

해설 PI = 유입PV/유출PV
- 1년차 유입PV = 1,000만원×0.95 = 950만원
- 2년차 유입PV = 1,200만원×0.90 = 1,080만원
- 총유입PV = 950만원+1,000만원 = 2,030만원
유출은 유입의 80%이므로 2,030만원×80% = 1,624만원
∴ 2,030/1,624 = 1.25

108 다음은 투자부동산의 매입, 운영 및 매각에 따른 현금흐름이다. 이에 기초한 순현재가치는? (단, 0년차 현금흐름은 초기투자액, 1년차부터 7년차까지 현금흐름은 현금유입과 유출을 감안한 순현금흐름이며, 기간이 7년인 연금의 현가계수는 3.50, 7년 일시불의 현가계수는 0.60이고, 주어진 조건에 한함) ▶제32회

(단위: 만 원)

기간(년)	0	1	2	3	4	5	6	7
현금 흐름	−1,100	120	120	120	120	120	120	1,420

① 100만원 ② 120만원 ③ 140만원
④ 160만원 ⑤ 180만원

해설
- 연금 120만원
- 일시불 1,420만원−120만원 = 1,300만원
- 연금의 현가 120만원×3.5 = 420만원
- 일시불의 현가 1,300만원×0.6 = 780만원
- 현가의 합 420만원+780만원 = 1,200만원
- 유입의 현가−유출의 현가 = 1,200만원−1,100만원 = 100만원

Answers 107. ③ 108. ①

109 다음 표와 같은 투자사업(A ~ C)이 있다. 모두 사업기간이 1년이며, 사업 초기(1월 1일)에 현금지출만 발생하고 사업 말기(12월 31일)에는 현금유입만 발생한다고 한다. 할인율이 연 5%라고 할 때 다음 중 옳은 것은? ▶제32회

투자사업	초기 현금지출	말기 현금유입
A	3,800만원	6,825만원
B	1,250만원	2,940만원
C	1,800만원	4,725만원

① 수익성지수(PI)가 가장 큰 사업은 A이다.
② 순현재가치(NPV)가 가장 큰 사업은 B이다.
③ 수익성지수가 가장 작은 사업은 C이다.
④ A의 순현재가치는 B의 순현재가치의 2.5배이다.
⑤ A와 C의 순현재가치는 같다.

> **해설**
> • A의 순현가: 6,825÷1.05−3,800 = 2,700만원
> • B의 순현가: 2,940÷1.05−1,250 = 1,550만원
> • C의 순현가: 4,725÷1.05−1,800 = 2,700만원

110 수익형 부동산의 간접투자에서 자기자본수익률을 상승시키는 전략으로 틀린 것은? (단, 세후기준이며, 다른 조건은 동일함) ▶제31회

① 임대관리를 통한 공실률 최소화
② 자본이득(capital gain) 증대를 위한 자산가치 극대화
③ 세금이 감면되는 도관체(conduit)를 활용한 절세효과 도모
④ 효율적 시설관리를 통한 운영경비 절감
⑤ 저당수익률이 총자본수익률보다 클 때, 부채비율을 높이는 자본구조 조정

> **해설** ⑤ 저당수익률이 총자본수익률보다 클 때는 부의 지렛대효과가 나타나게 되어 부채비율을 높이면 자기자본수익률을 하락시키는 결과가 된다.

Answers 109. ⑤ 110. ⑤

111
부동산투자회사법령상 자기관리 부동산투자회사가 상근으로 두어야 하는 자산운용 전문인력의 요건에 해당하는 사람을 모두 고른 것은? ▶제35회

> ㉠ 감정평가사로서 해당 분야에 3년을 종사한 사람
> ㉡ 공인중개사로서 해당 분야에 5년을 종사한 사람
> ㉢ 부동산투자회사에서 3년을 근무한 사람
> ㉣ 부동산학 석사학위 소지자로서 부동산의 투자·운용과 관련된 업무에 3년을 종사한 사람

① ㉠, ㉡ ② ㉠, ㉢ ③ ㉡, ㉣
④ ㉡, ㉢, ㉣ ⑤ ㉠, ㉡, ㉢, ㉣

해설 ㉠ 감정평가사로서 해당 분야에 5년을 종사한 사람
㉢ 부동산투자회사에서 5년을 근무한 사람

 **부동산금융론**

112
부동산시장 및 부동산금융에 관한 설명으로 틀린 것은? (단, 다른 조건은 동일함) ▶제25회

① 부동산시장은 부동산 권리의 교환, 가격결정, 경쟁적 이용에 따른 공간배분 등의 역할을 수행한다.
② 주택시장이 침체하여 주택거래가 부진하면 수요자 금융을 확대하여 주택수요를 증가시킴으로써 주택경기를 활성화시킬 수 있다.
③ 다른 대출조건이 동일한 경우 통상적으로 고정금리 주택저당대출의 금리는 변동금리 주택저당대출의 금리보다 높다.
④ 주택저당대출의 기준인 담보인정비율(LTV)과 차주상환능력(DTI)이 변경되면 주택수요가 변화될 수 있다.
⑤ 주택금융시장은 금융기관이 수취한 예금 등으로 주택담보대출을 제공하는 주택자금 공급시장, 투자자로부터 자금을 조달하여 주택자금 대출기관에 공급해주는 주택자금 대출시장, 신용보강이 일어나는 신용보증시장 및 기타의 간접투자시장으로 구분할 수 있다.

해설 ⑤ 주택자금 대출시장과 주택자금 공급시장을 반대로 설명하고 있다.

Answers 111. ③ 112. ⑤

113 부동산금융에 관한 설명으로 틀린 것은? ▶제25회

① 자기관리 부동산투자회사란 다수투자자의 자금을 받아 기업이 구조조정을 위해 매각하는 부동산을 매입하고, 개발·관리·운영하여 수익을 분배하는 뮤추얼펀드(Mutual Fund)로서 서류상으로 존재하는 명목회사(Paper Company)다.
② 주택연금이란 주택을 금융기관에 담보로 맡기고, 금융기관으로부터 연금과 같이 매월 노후 생활자금을 받는 제도다.
③ 코픽스(Cost of Funds Index)는 은행자금조달비용을 반영한 대출금리로 이전의 CD금리가 은행의 자금조달비용을 제대로 반영하지 못한다는 지적에 따라 도입되었다.
④ 고정금리 주택담보대출은 차입자가 대출기간 동안 지불해야 하는 이자율이 동일한 형태로 시장금리의 변동에 관계없이 대출시 확정된 이자율이 만기까지 계속 적용된다.
⑤ 변동금리 주택담보대출은 이자율 변동으로 인한 위험을 차입자에게 전가하는 방식으로 금융기관의 이자율 변동위험을 줄일 수 있는 장점이 있다.

> **해설** ① 기업구조조정 부동산투자회사(CR-REITs)에 대한 설명이다.
> ③ 코픽스(Cost of Funds Index)는 시중은행들의 자금조달 비용지수로 변동금리 대출의 지표금리로 사용되는 대출기준금리를 의미하나, 대출금리(지표금리+가산금리-우대금리)로 기술한 것은 옳지 않다. 복수정답으로 처리되었다.

114 프로젝트금융에 관한 설명으로 틀린 것은? ▶제27회

① 특정 프로젝트로부터 향후 일정한 현금흐름이 예상되는 경우, 사전 계약에 따라 미래에 발생할 현금흐름과 사업자체자산을 담보로 자금을 조달하는 금융기법이다.
② 일반적으로 기업대출보다 금리 등이 높아 사업이 성공할 경우 해당 금융기관은 높은 수익을 올릴 수 있다.
③ 프로젝트금융의 자금은 건설회사 또는 시공회사가 자체계좌를 통해 직접 관리한다.
④ 프로젝트금융이 부실화될 경우 해당 금융기관의 부실로 이어질 수 있다.
⑤ 비소구 또는 제한적 소구 금융의 특징을 가지고 있다.

> **해설** ③ 프로젝트금융의 자금은 별도의 물적 담보가 없어 위험부담이 높으므로 결제위탁계정(에스크로 계정)에 의해 관리된다.

Answers 113. ①,③ 114. ③

115 사업주가 특수목적회사인 프로젝트 회사를 설립하여 프로젝트금융을 활용하는 경우에 관한 설명으로 옳은 것은? (단, 프로젝트 회사를 위한 별도의 보증이나 담보 제공은 없음) ▶제29회

① 프로젝트금융의 상환재원은 사업주의 모든 자산을 기반으로 한다.
② 사업주의 재무상태표에 해당 부채가 표시된다.
③ 해당 프로젝트가 부실화되더라도 대출기관의 채권회수에는 영향이 없다.
④ 일정한 요건을 갖춘 프로젝트 회사는 법인세 감면을 받을 수 있다.
⑤ 프로젝트 사업의 자금은 차주가 임의로 관리한다.

> **해설** ① 프로젝트금융의 상환재원은 프로젝트의 현금흐름을 기반으로 한다.
> ② 사업주의 재무상태표에 해당 부채가 표시되지 않는다.
> ③ 해당 프로젝트가 부실화되면 대출기관도 채권회수가 어려워진다.
> ⑤ 프로젝트 사업의 자금은 위탁계좌에 의해 관리된다.

116 부채금융(debt financing)에 해당하는 것을 모두 고른 것은? ▶제32회

㉠ 주택저당대출	㉡ 조인트 벤처(joint venture)
㉢ 신탁증서금융	㉣ 자산담보부기업어음(ABCP)
㉤ 부동산투자회사(REITs)	

① ㉠, ㉡, ㉢   ② ㉠, ㉡, ㉣   ③ ㉠, ㉢, ㉣
④ ㉡, ㉢, ㉤   ⑤ ㉢, ㉣, ㉤

> **해설** ㉡, ㉤은 지분금융에 해당한다.

Answers 115. ④ 116. ③

117 부동산금융의 자금조달방식 중 지분금융(equity financing)에 해당하는 것을 모두 고른 것은?

▶제31회

┌───┐
│ ㉠ 부동산투자회사(REITs)   ㉡ 자산담보부기업어음(ABCP) │
│ ㉢ 공모(public offering)에 의한 증자   ㉣ 프로젝트금융   │
│ ㉤ 주택상환사채   │
└───┘

① ㉠, ㉡ ② ㉠, ㉢ ③ ㉢, ㉤
④ ㉡, ㉣, ㉤ ⑤ ㉠, ㉡, ㉣, ㉤

[해설] ㉡, ㉣, ㉤은 부채금융에 해당한다.

---

118 현재 5천만원의 기존 주택담보대출이 있는 A씨가 동일한 은행에서 동일한 주택을 담보로 추가 대출을 받으려고 한다. 이 은행의 대출승인기준이 다음과 같을 때, A씨가 추가로 대출받을 수 있는 최대금액은 얼마인가? (단, 제시된 두 가지 대출승인기준을 모두 충족시켜야 하며, 주어진 조건에 한함) ▶제35회

┌───┐
│ • A씨의 담보주택의 담보가치평가액: 5억원   │
│ • A씨의 연간 소득: 6천만원   │
│ • 연간 저당상수: 0.1   │
│ • 대출승인기준   │
│   - 담보인정비율(LTV): 70% 이하   │
│   - 총부채상환비율(DTI): 60% 이하   │
└───┘

① 2억원 ② 2억 5천만원 ③ 3억원
④ 3억 2천만원 ⑤ 3억 5천만원

[해설] LTV기준 = 부동산가치 × LTV = 5억원 × 0.7 = 3억 5천만원
DTI기준 = 연간소득액 × DTI ÷ 저당상수 = 6천만원 × 0.6 ÷ 0.1 = 3억 6천만원
둘 다 만족시킬 수 있는 금액은 3억 5천만원, 기존 대출액을 뺀 3억원이 추가 대출 최대 금액이다.

Answers 117. ② 118. ③

119 대출 상환방식에 관한 설명으로 옳은 것은? (단, 고정금리 기준이고, 다른 조건은 동일함) ▶제32회

① 원리금균등상환방식의 경우, 매기 상환하는 원금이 점차 감소한다.
② 원금균등상환방식의 경우, 매기 상환하는 원리금이 동일하다.
③ 원금균등상환방식의 경우, 원리금균등상환방식보다 대출금의 가중평균상환기간(duration)이 더 짧다.
④ 점증(체증)상환방식의 경우, 장래 소득이 줄어들 것으로 예상되는 차입자에게 적합하다.
⑤ 만기일시상환방식의 경우, 원금균등상환방식에 비해 대출 금융기관의 이자수입이 줄어든다.

> **해설** ① 원리금균등상환방식은 매 기간 동일한 원리금을 상환하므로 원금상환액은 점차 증가하고 이자지급액은 점차 감소한다.
> ② 원금은 동일하고 원리금이 줄어든다.
> ④ 소득이 늘어날 것으로 예상되는 차입자에게 적합하다.
> ⑤ 원금이 줄지 않으므로 이자수입이 늘어난다.

120 저당상환방법에 관한 설명 중 옳은 것을 모두 고른 것은? (단, 대출금액과 기타 대출조건은 동일함) ▶제29회

㉠ 원금균등상환방식의 경우, 매 기간에 상환하는 원리금상환액과 대출잔액이 점차적으로 감소한다.
㉡ 원리금균등상환방식의 경우, 매 기간에 상환하는 원금상환액이 점차적으로 감소한다.
㉢ 점증(체증)상환방식의 경우, 미래 소득이 증가될 것으로 예상되는 차입자에게 적합하다.
㉣ 대출기간 만기까지 대출기관의 총 이자수입 크기는 '원금균등상환방식 > 점증(체증)상환방식 > 원리금균등상환방식'순이다.

① ㉠, ㉡ ② ㉠, ㉢ ③ ㉠, ㉣
④ ㉡, ㉣ ⑤ ㉢, ㉣

> **해설** ㉡ 원리금균등상환방식의 경우, 매 기간 동일한 원리금을 상환하므로 원금상환액은 점차적으로 증가하며 이자지급액은 점차적으로 감소한다.
> ㉣ 대출기간 만기까지 대출기관의 총 이자수입 크기는 '점증(체증)상환방식 > 원리금균등상환방식 > 원금균등상환방식'순이다.

Answers 119. ③ 120. ②

121 고정금리대출의 상환방식에 관한 설명으로 옳은 것을 모두 고른 것은? (단, 주어진 조건에 한하며, 다른 조건은 동일함) ▶제35회

> ㉠ 만기일시상환대출은 대출기간 동안 차입자가 원금만 상환하기 때문에 원리금상환구조가 간단하다.
> ㉡ 체증식분할상환대출은 대출기간 초기에는 원리금상환액을 적게 하고 시간의 경과에 따라 늘려가는 방식이다.
> ㉢ 원리금균등분할상환대출이나 원금균등분할상환대출에서 거치기간이 있을 경우, 이자지급총액이 증가하므로 원리금지급총액도 증가하게 된다.
> ㉣ 대출채권의 가중평균상환기간(duration)은 원금균등분할상환대출에 비해 원리금균등분할상환대출이 더 길다.

① ㉠, ㉡
② ㉠, ㉢
③ ㉡, ㉢
④ ㉡, ㉢, ㉣
⑤ ㉠, ㉡, ㉢, ㉣

> 해설 ㉠ 만기일시상환대출은 대출기간 동안 이자만 상환하다가 만기에 원금을 상환하는 방식이다.

122 A는 연소득이 5,000만원이고 시장가치가 3억원인 주택을 소유하고 있다. 현재 A가 이 주택을 담보로 5,000만원을 대출받고 있을 때, 추가로 대출 가능한 최대금액은? (단, 주어진 조건에 한함) ▶제31회

> • 연간 저당상수: 0.1
> • 대출승인기준
>   − 담보인정비율(LTV): 시장가치기준 50% 이하
>   − 총부채상환비율(DTI): 40% 이하
> ※ 두 가지 대출승인기준을 모두 충족하여야 함.

① 5,000만원
② 7,500만원
③ 1억원
④ 1억 5,000만원
⑤ 2억원

> 해설 • LTV 50% = 1.5억원/3억원 ⇨ 융자금액은 1.5억원 이하
> • DTI 40% = 2천만원/5천만원 ⇨ 2,000만원/0.1 = 2억원 이하
> ∴ 둘 중 작은 숫자인 1.5억원 이하−기존대출금액 5천만원 = 1억원 이하

Answers 121. ④ 122. ③

123 A씨는 원리금균등분할상환조건으로 1억원을 대출받았다. 은행의 대출조건이 다음과 같을 때, 대출 후 5년이 지난 시점에 남아 있는 대출잔액은? (단, 만원 단위 미만은 절사하며, 주어진 조건에 한함)
▶제33회

- 대출금리: 고정금리, 연 5%
- 총 대출기간과 상환주기: 30년, 월말 분할상환
- 월별 원리금지급액: 54만원
- 기간이 30년인 저당상수: 0.0054
- 기간이 25년인 연금의 현가계수: 171.06

① 8,333만원   ② 8,500만원   ③ 8,750만원
④ 9,237만원   ⑤ 9,310만원

해설 잔금 = 원리금×남은 기간 동안의 연금의 현가계수 = 54만원×171.06 = 9,237만원

124 A는 주택 구입을 위해 연초에 6억원을 대출 받았다. A가 받은 대출조건이 다음과 같을 때, (㉠) 대출금리와 3회차에 상환할 (㉡)원리금은? (단, 주어진 조건에 한함) ▶제32회

- 대출금리: 고정금리
- 대출기간: 30년
- 원리금 상환조건: 원금균등상환방식, 매년 말 연 단위로 상환
- 1회차 원리금 상환액: 4,400만원

① (㉠): 연 4%, (㉡): 4,240만원   ② (㉠): 연 4%, (㉡): 4,320만원
③ (㉠): 연 5%, (㉡): 4,240만원   ④ (㉠): 연 5%, (㉡): 4,320만원
⑤ (㉠): 연 6%, (㉡): 4,160만원

해설
- 매기 상환원금 = 6억원/30년 = 2,000만원
- 1회차 원리금 상환액 = 6억원×대출금리+2,000만원 = 4,400만원
  ∴ 대출금리 = 연 4%
- 3회차 잔금 = 6억원 − (2,000만원×2) = 5억 6,000만원
- 3회차 이자 = 5억 6,000만원×4% = 2,240만원
- 3회차 원리금 상환액 = 2,000만원 + 2,240만원 = 4,240만원

Answers 123. ④ 124. ①

125 A는 아파트를 구입하기 위해 은행으로부터 연초에 4억원을 대출받았다. A가 받은 대출의 조건이 다음과 같을 때, 대출금리(㉠)와 2회차에 상환할 원금(㉡)은? (단, 주어진 조건에 한함) ▶제31회

> • 대출금리: 고정금리
> • 대출기간: 20년
> • 연간 저당상수: 0.09
> • 1회차 원금 상환액: 1,000만원
> • 원리금 상환조건: 원리금균등상환방식, 매년 말 연 단위 상환

① ㉠ 연간 5.5%, ㉡ 1,455만원
② ㉠ 연간 6.0%, ㉡ 1,260만원
③ ㉠ 연간 6.0%, ㉡ 1,455만원
④ ㉠ 연간 6.5%, ㉡ 1,065만원
⑤ ㉠ 연간 6.5%, ㉡ 1,260만원

> **해설** 원리금균등상환방식이므로 매 회차 원리금은 4억원×저당상수 = 4억원×0.09 = 3,600만원
> • 1회차 원리금 3,600만원, 이자 2,600만원, 원금 1,000만원, 잔금 3억 9천만원
>   ∴ 이율 = 2,600만원/4억원 = 0.065
> • 2회차 원리금 3,600만원, 이자(3억 9천만원×0.065 = 2,535만원)
>   ∴ 원금 = 3,600만원−2,535만원 = 1,065만원

Answers 125. ④

126 W. 레일리(W. Reilly)의 소매중력모형에 따라 C신도시의 소비자가 A도시와 B도시에서 소비하는 월 추정소비액은 각각 얼마인가? (단, C신도시의 인구는 모두 소비자이고, A, B도시에서만 소비하는 것으로 가정함) ▶제33회

> - A도시 인구: 50,000명, B도시 인구: 32,000명
> - C신도시: A도시와 B도시 사이에 위치
> - A도시와 C신도시 간의 거리: 5km
> - B도시와 C신도시 간의 거리: 2km
> - C신도시 소비자의 잠재 월 추정소비액: 10억원

① A도시: 1억원, B도시: 9억원
② A도시: 1억 5천만원, B도시: 8억 5천만원
③ A도시: 2억원, B도시: 8억원
④ A도시: 2억 5천만원, B도시: 7억 5천만원
⑤ A도시: 3억원, B도시: 7억원

해설
- A도시의 유인력 = $\dfrac{50,000}{5^2}$ = 2,000
- B도시의 유인력 = $\dfrac{32,000}{2^2}$ = 8,000
- A도시의 유인력 : B도시의 유인력 = 1 : 4
∴ A도시: 2억원, B도시: 8억원

Answers 126. ③

127 주택금융에 관한 설명으로 틀린 것은? (단, 다른 조건은 동일함) ▶제33회

① 정부는 주택소비금융의 확대와 금리 인하, 대출규제의 완화로 주택가격의 급격한 상승에 대처한다.
② 주택소비금융은 주택구입능력을 제고시켜 자가주택 소유를 촉진시킬 수 있다.
③ 주택자금대출의 확대는 주택거래를 활성화시킬 수 있다.
④ 주택금융은 주택과 같은 거주용 부동산을 매입 또는 임대하는 데 필요한 자금조달을 위한 금융상품을 포괄한다.
⑤ 주택도시기금은 국민주택의 건설이나 국민주택규모 이하의 주택 구입에 출자 또는 융자할 수 있다.

> **해설** ① 주택소비금융의 축소, 금리 인상, 대출 규제의 강화로 주택가격의 급격한 상승에 대처할 수 있다.

128 한국주택금융공사의 주택담보노후연금(주택연금)에 관한 설명으로 옳은 것은? ▶제35회

① 주택소유자와 그 배우자의 연령이 보증을 위한 등기시점 현재 55세 이상인 자로서 소유하는 주택의 기준가격이 15억원 이하인 경우 가입할 수 있다.
② 주택소유자가 담보를 제공하는 방식에는 저당권 설정 등기 방식과 신탁 등기 방식이 있다.
③ 주택소유자가 생존해 있는 동안에만 노후생활자금을 매월 연금 방식으로 받을 수 있고, 배우자에게는 승계되지 않는다.
④ 「주택법」에 따른 준주택 중 주거목적으로 사용되는 오피스텔의 소유자는 가입할 수 없다.
⑤ 주택담보노후연금(주택연금)을 받을 권리는 양도·압류할 수 있다.

> **해설** ① 주택의 기준가격이 12억원 이하인 경우 가입할 수 있다.
> ③ 배우자에게 승계된다.
> ④ 주거목적으로 사용되는 오피스텔의 소유자도 가입할 수 있다.
> ⑤ 주택담보노후연금(주택연금)을 받을 권리는 양도·압류할 수 없다.

Answers 127. ① 128. ②

129 한국주택금융공사의 주택담보노후연금(주택연금)에 관한 설명으로 틀린 것은? ▶제31회

① 주택연금은 주택소유자가 주택에 저당권을 설정하고 연금방식으로 노후생활자금을 대출받는 제도이다.
② 주택연금은 수령기간이 경과할수록 대출잔액이 누적된다.
③ 주택소유자(또는 배우자)가 생존하는 동안 노후생활자금을 매월 지급받는 방식으로 연금을 받을 수 있다.
④ 담보주택의 대상으로 업무시설인 오피스텔도 포함된다.
⑤ 한국주택금융공사는 주택연금 담보주택의 가격하락에 대한 위험을 부담할 수 있다.

> **해설** ④ 주거용 오피스텔은 될 수 있지만 업무시설인 오피스텔은 담보주택의 대상이 아니다.

130 부동산투자회사법상 '자기관리 부동산투자회사'(REITs, 이하 "회사"라 한다)에 관한 설명으로 틀린 것은? ▶제34회

① 국토교통부장관은 회사가 최저자본금을 준비하였음을 확인한 때에는 지체 없이 주요 출자자(발행주식 총수의 100분의 5를 초과하여 주식을 소유하는 자)의 적격성을 심사하여야 한다.
② 최저자본금준비기간이 지난 회사의 최저자본금은 70억원 이상이 되어야 한다.
③ 주요 주주는 미공개 자산운용정보를 이용하여 부동산을 매매하거나 타인에게 이용하게 하여서는 아니 된다.
④ 회사는 그 자산을 투자·운용할 때에는 전문성을 높이고 주주를 보호하기 위하여 자산관리회사에 위탁하여야 한다.
⑤ 주주총회의 특별결의에 따른 경우, 회사는 해당 연도 이익배당한도의 100분의 50 이상 100분의 90 미만으로 이익배당을 정한다.

> **해설** ④ 자산의 투자·운용을 자산관리회사에 위탁하는 회사는 위탁관리 부동산투자회사와 기업구조조정 부동산투자회사이다.
> • 자기관리 부동산투자회사: 자산운용 전문인력을 포함한 임직원을 상근으로 두고 자산의 투자·운용을 직접 수행하는 회사

Answers 129. ④ 130. ④

131 부동산투자회사법상 위탁관리 부동산투자회사(REITs)에 관한 설명으로 틀린 것은? ▶제30회

① 주주 1인당 주식소유의 한도가 제한된다.
② 주주를 보호하기 위해서 직원이 준수해야 할 내부통제기준을 제정하여야 한다.
③ 자산의 투자·운용을 자산관리회사에 위탁하여야 한다.
④ 주요 주주의 대리인은 미공개 자산운용정보를 이용하여 부동산을 매매하거나 타인에게 이용하게 할 수 없다.
⑤ 설립 자본금은 3억원 이상으로 한다.

> 해설 ② 위탁관리 부동산투자회사는 상근 임직원이 없는 명목회사이다. 주주를 보호하기 위해서 직원이 준수해야 할 내부통제기준을 제정하여야 하는 것은 실체상의 회사인 자기관리 부동산투자회사이다.

132 모기지(mortgage) 유동화에 관한 설명으로 틀린 것은? ▶제32회

① MPTS(mortgage pass-through securities)는 지분형 증권이다.
② MPTB(mortgage pay-through bond)의 경우, 조기상환 위험은 증권발행자가 부담하고, 채무불이행 위험은 투자자가 부담한다.
③ MBB(mortgage backed bond)의 경우, 신용보강을 위한 초과담보가 필요하다.
④ CMO(collateralized mortgage obligation)는 상환우선순위와 만기가 다른 다수의 층(tranche)으로 구성된 증권이다.
⑤ 우리나라의 모기지 유동화 중개기관으로는 한국주택금융공사가 있다.

> 해설 ② MPTB는 발행자가 채무불이행 위험을 부담하고 투자자가 조기상환 위험을 부담한다.

Answers 131. ② 132. ②

133 주택저당담보부채권(MBB)에 관한 설명으로 옳은 것은? ▶제35회

① 유동화기관이 모기지 풀(mortgage pool)을 담보로 발행하는 지분성격의 증권이다.
② 차입자가 상환한 원리금은 유동화기관이 아닌 MBB 투자자에게 직접 전달된다.
③ MBB 발행자는 초과담보를 제공하지 않는 것이 일반적이다.
④ MBB 투자자 입장에서 MPTS(mortgage pass-through securities)에 비해 현금흐름이 안정적이지 못해 불확실성이 크다는 단점이 있다.
⑤ MBB 투자자는 주택저당대출의 채무불이행위험과 조기상환위험을 부담하지 않는다.

> **해설** ① 채권성격의 증권이다.
> ② 유동화기관에게 직접 전달된다.
> ③ 초과담보를 제공하는 것이 일반적이다.
> ④ 정해진 이자수입을 받기 때문에 현금흐름이 안정적이어서 불확실성이 작다는 장점이 있다.

134 저당담보부증권(MBS)의 가격변동에 관한 설명으로 옳은 것은? (단, 주어진 조건에 한함) ▶제34회

① 투자자들이 가까운 시일에 채권시장 수익률의 하락을 예상한다면, 가중평균상환기간(duration)이 긴 저당담보부증권일수록 그 가격이 더 크게 하락한다.
② 채무불이행위험이 없는 저당담보부증권의 가격은 채권 시장 수익률의 변동에 영향을 받지 않는다.
③ 자본시장 내 다른 투자수단들과 경쟁하므로, 동일위험수준의 다른 투자수단들의 수익률이 상승하면 저당담보부증권의 가격은 상승한다.
④ 채권시장 수익률이 상승할 때 가중평균상환기간이 긴 저당담보부증권일수록 그 가격의 변동 정도가 작다.
⑤ 고정이자를 지급하는 저당담보부증권은 채권시장 수익률이 상승하면 그 가격이 하락한다.

> **해설** ③⑤ 동일위험 수준이라면 다른 투자수단(ex. 채권)의 수익률이 상승하면 그 투자수단에 대한 수요가 늘고 MBS에 대한 수요가 줄게 되므로 MBS의 가격이 하락한다.

Answers 133. ⑤ 134. ⑤

135 저당담보부증권(MBS) 도입에 따른 부동산시장의 효과에 관한 설명으로 틀린 것은? (단, 다른 조건은 동일함) ▶제30회

① 주택금융이 확대됨에 따라 대출기관의 자금이 풍부해져 궁극적으로 주택자금대출이 확대될 수 있다.
② 주택금융의 대출이자율 하락과 다양한 상품설계에 따라 주택 구입 시 융자받을 수 있는 금액이 증가될 수 있다.
③ 주택금융의 활성화로 주택건설이 촉진되어 주거안정에 기여할 수 있다.
④ 주택금융의 확대로 자가소유가구 비중이 감소한다.
⑤ 대출기관의 유동성이 증대되어 소비자의 담보대출 접근성이 개선될 수 있다.

해설 ④ 주택금융이 확대되면 대출이 쉬워지면서 자가소유가구 비중이 증가한다.

 부동산이용 및 관리론

136 부동산관리방식을 관리주체에 따라 분류할 때, 다음 설명에 모두 해당하는 방식은?

- 소유와 경영의 분리가 가능하다.
- 대형건물의 관리에 더 유용하다.
- 관리에 따른 용역비의 부담이 있다.
- 전문적이고 체계적인 관리가 가능하다.

① 직접관리 ② 위탁관리 ③ 자치관리
④ 유지관리 ⑤ 법정관리

해설 ② 위탁관리(외주관리, 간접관리)는 소유자가 직접 관리하지 않고 전문업자에게 위탁하여 관리하는 방식이다.

Answers 135. ④ 136. ②

137 부동산관리방식에 따른 해당 내용을 옳게 묶은 것은? ▶제34회

> ㉠ 소유자의 직접적인 통제권이 강화된다.　㉡ 관리의 전문성과 효율성을 높일 수 있다.
> ㉢ 기밀 및 보안 유지가 유리하다.　㉣ 건물설비의 고도화에 대응할 수 있다.
> ㉤ 대형건물의 관리에 더 유용하다.　㉥ 소유와 경영의 분리가 가능하다.

① 자기관리방식 – ㉠, ㉡, ㉢, ㉣
② 자기관리방식 – ㉠, ㉢, ㉤, ㉥
③ 자기관리방식 – ㉡, ㉢, ㉣, ㉥
④ 위탁관리방식 – ㉠, ㉢, ㉣, ㉤
⑤ 위탁관리방식 – ㉡, ㉣, ㉤, ㉥

해설 자기관리방식 – ㉠, ㉢　위탁관리방식 – ㉡, ㉣, ㉤, ㉥

138 부동산 관리에 관하여 다음 설명과 모두 관련이 있는 것은? ▶제30회

> • 포트폴리오 관리 및 분석　• 부동산투자의 위험 관리
> • 재투자·재개발 과정분석　• 임대마케팅 시장분석

① 재산관리(property management)
② 시설관리(facility management)
③ 자산관리(asset management)
④ 건설사업관리(construction management)
⑤ 임대차관리(leasing management)

해설 ③ 모두 자산관리에 관한 내용이다. 자산관리는 소유주나 기업의 부를 극대화하기 위한 관리로서 보기의 내용을 포함하는 가장 적극적인 관리이다.

Answers 137. ⑤　138. ③

139 다음 설명에 모두 해당하는 부동산관리 방식은? ▶제27회

- 소유자의 의사능력 및 지휘통제력이 발휘된다.
- 업무의 기밀유지의 유리하다.
- 업무행위의 안일화를 초래하기 쉽다.
- 전문성이 낮은 경향이 있다.

① 외주관리　　② 혼합관리　　③ 신탁관리
④ 위탁관리　　⑤ 직접관리

> 해설
> - 직접(자가)관리의 장점: 소유자의 강한 지휘통제력 발휘, 기밀유지와 보안관리에 유리, 부동산설비에 대한 애호정신이 높음.
> - 직접(자가)관리의 단점: 관리의 전문성 결여, 업무행위의 안일화, 불합리한 인건비 지출

140 민간임대주택에 관한 특별법상 위탁관리형 주택임대관리업으로 등록한 경우 주택임대관리업자가 임대를 목적으로 하는 주택에 대해 할 수 있는 업무에 해당하지 않는 것은? ▶제29회

① 임차인의 대출알선
② 임대차계약의 체결·갱신
③ 임차인의 입주·명도
④ 임대료의 부과·징수
⑤ 시설물 유지·개량

> 해설 ① 임차인의 대출알선은 '민간임대주택에 관한 특별법 제11조(주택임대관리업자의 업무범위)'에 해당하지 않는다.

Answers　139. ⑤　140. ①

141 건물의 내용연수와 생애주기 및 관리방식에 관한 설명으로 틀린 것은? ▶제26회

① 건물과 부지와의 부적응, 설계 불량, 설비 불량, 건물의 외관과 디자인 낙후는 기능적 내용연수에 영향을 미치는 요인이다.
② 인근지역의 변화, 인근환경과 건물의 부적합, 당해지역 건축물의 시장성 감퇴는 경제적 내용연수에 영향을 미치는 요인이다.
③ 건물의 생애주기 단계 중 안정단계에서 건물의 양호한 관리가 이루어진다면 안정단계의 국면이 연장될 수 있다.
④ 건물의 생애주기 단계 중 노후단계는 일반적으로 건물의 구조, 설비, 외관 등이 악화되는 단계이다.
⑤ 건물의 관리에 있어서 재무·회계관리, 시설이용·임대차 계약, 인력관리는 위탁하고, 청소를 포함한 그 외 나머지는 소유자가 직접 관리할 경우, 이는 전문(위탁)관리방식에 해당한다.

해설 ⑤ 혼합관리방식에 대한 설명이다.

---

142 부동산마케팅에서 4P 마케팅믹스(Marketing Mix) 전략의 구성요소를 모두 고른 것은?

㉠ Price(가격)	㉡ Product(제품)
㉢ Place(유통경로)	㉣ Positioning(차별화)
㉤ Promotion(판매촉진)	㉥ Partnership(동반자관계)

① ㉠, ㉡, ㉢, ㉣
② ㉠, ㉡, ㉢, ㉤
③ ㉡, ㉢, ㉤, ㉥
④ ㉡, ㉣, ㉤, ㉥
⑤ ㉢, ㉣, ㉤, ㉥

해설 마케팅 믹스 4P는 제품(Product), 가격(Price), 판매촉진(Promotion), 유통경로(Place)를 의미한다.

Answers　141. ⑤　142. ②

143 부동산마케팅에 관한 설명으로 틀린 것은? ▶제34회

① 부동산마케팅은 부동산상품을 수요자의 욕구에 맞게 상품을 개발하고 가격을 결정한 후 시장에서 유통, 촉진, 판매를 관리하는 일련의 과정이다.
② STP전략은 대상 집단의 시장세분화(segmentation), 표적시장 선정(targeting), 포지셔닝(positioning)으로 구성된다.
③ 시장세분화 전략은 부동산시장에서 마케팅활동을 수행하기 위하여 수요자의 집단을 세분하는 것이다.
④ 표적시장 전략은 세분화된 시장을 통해 선정된 표적 집단을 대상으로 적합한 마케팅활동을 수행하는 것이다.
⑤ AIDA원리는 주의(attention), 관심(interest), 욕망(desire), 행동(action)의 단계를 통해 공급자의 욕구를 파악하여 마케팅 효과를 극대화하는 시장점유마케팅 전략의 하나이다.

> **해설** ⑤ AIDA원리는 소비자의 욕구를 파악하는 고객점유마케팅 전략이다.

144 부동산마케팅 전략에 관한 설명으로 틀린 것은? ▶제33회

① 시장점유 전략은 수요자 측면의 접근으로 목표시장을 선점하거나 점유율을 높이는 것을 말한다.
② 적응가격 전략이란 동일하거나 유사한 제품으로 다양한 수요자들의 구매를 유입하고, 구매량을 늘리도록 유도하기 위하여 가격을 다르게 하여 판매하는 것을 말한다.
③ 마케팅믹스란 기업의 부동산 상품이 표적시장에 도달하기 위해 이용하는 마케팅이 관련된 여러 요소들의 조합을 말한다.
④ 시장세분화 전략이란 수요자 집단을 인구·경제적 특성에 따라 세분하고, 세분된 시장에서 상품의 판매지향점을 분명히 하는 것을 말한다.
⑤ 고객점유 전략은 소비자의 구매의사결정 과정의 각 단계에서 소비자와의 심리적인 접점을 마련하고 전달하려는 정보의 취지와 강약을 조절하는 것을 말한다.

> **해설** ① 시장점유 전략은 공급자 측면의 접근이다.

Answers 143. ⑤ 144. ①

145 부동산마케팅에 관한 설명으로 틀린 것은? ▶제32회

① 부동산시장이 공급자 우위에서 수요자 우위의 시장으로 전환되면 마케팅의 중요성이 더욱 증대된다.
② STP 전략이란 고객집단을 세분화(Segmentation)하고 표적시장을 선정(Targeting)하여 효과적으로 판매촉진(Promotion)을 하는 전략이다.
③ 경쟁사의 가격을 추종해야 할 경우 4P Mix의 가격전략으로 시가전략을 이용한다.
④ 관계 마케팅 전략이란 고객과 공급자 간의 지속적인 관계를 유지하여 마케팅효과를 도모하는 전략이다.
⑤ 시장점유 마케팅 전략이란 부동산시장을 점유하기 위한 전략으로 4P Mix 전략, STP 전략이 있다.

> **해설** ② STP 전략은 시장세분화(Segmentation), 표적시장 선정(Targeting), 포지셔닝(Positioning)으로 구성된다.

146 부동산마케팅 전략에 관한 설명으로 옳은 것은? ▶제32회

① 바이럴 마케팅(viral marketing) 전략은 SNS, 블로그 등 다양한 매체를 통해 해당 브랜드나 제품에 대해 입소문을 내게 하여 마케팅효과를 극대화시키는 것이다.
② 분양성공을 위해 아파트 브랜드를 고급스러운 이미지로 고객의 인식에 각인시키도록 하는 노력은 STP 전략 중 시장세분화(Segmentation) 전략에 해당한다.
③ 아파트 분양 모델하우스 방문고객 대상으로 추첨을 통해 자동차를 경품으로 제공하는 것은 4P Mix 전략 중 유통경로(Place) 전략에 해당한다.
④ 아파트의 차별화를 위해 커뮤니티 시설에 헬스장, 골프 연습장을 설치하는 방안은 4P Mix 전략 중 가격(Price) 전략에 해당한다.
⑤ 고객점유 마케팅 전략에서 AIDA의 원리는 주의(Attention) - 관심(Interest) - 결정(Decision) - 행동(Action)의 과정을 말한다.

> **해설** ② 포지셔닝(Positioning) 전략에 해당한다.
> ③ 판매촉진(Promotion) 전략에 해당한다.
> ④ 제품(Product) 전략에 해당한다.
> ⑤ AIDA는 주의(attention), 관심(interest), 욕망(desire), 행동(action)의 단계가 있다.

Answers 145. ② 146. ①

147 부동산 마케팅 4P[가격(price), 제품(product), 유통경로(place), 판매촉진(promotion)]전략과 다음 부동산 마케팅 활동의 연결이 옳은 것은? ▶제27회

| ㉠ 아파트 단지 내 자연친화적 실개천 설치 | ㉡ 부동산 중개업소 적극 활용 |
| ㉢ 시장분석을 통한 적정 분양가 책정 | ㉣ 주택청약자 대상 경품추첨으로 가전제품 제공 |

① ㉠ 제품   ㉡ 판매촉진 ㉢ 가격   ㉣ 유통경로
② ㉠ 유통경로 ㉡ 판매촉진 ㉢ 가격   ㉣ 제품
③ ㉠ 유통경로 ㉡ 제품   ㉢ 가격   ㉣ 판매촉진
④ ㉠ 제품   ㉡ 유통경로 ㉢ 가격   ㉣ 판매촉진
⑤ ㉠ 제품   ㉡ 유통경로 ㉢ 판매촉진 ㉣ 가격

해설
- ㉠ 제품(Product): 혁신적 내부구조의 아파트, 아파트 단지 내 환경 차별화
- ㉡ 유통경로(Place): 분양대행사 또는 부동산 중개업자 활용
- ㉢ 가격(Price): 시가정책, 저가정책, 고가정책
- ㉣ 판매촉진(Promotion): 모델하우스, 주택청약자에게 경품 제공

Answers 147. ④

148 A회사는 전년도에 임대면적 750m²의 매장을 비율 임대차(percentage lease)방식으로 임차하였다. 계약 내용에 따르면, 매출액이 손익분기점 매출액 이하이면 기본임대료만 지급하고, 이를 초과하는 매출액에 대해서는 일정 임대료율을 적용한 추가임대료를 기본임대료에 가산하도록 하였다. 전년도 연임대료로 총 12,000만원을 지급한 경우, 해당 계약내용에 따른 추가임대료율은? (단, 연간 기준이며, 주어진 조건에 한함) ▶제34회

- 전년도 매출액: 임대면적 m²당 100만원
- 손익분기점 매출액: 임대면적 m²당 60만원
- 기본임대료: 임대면적 m²당 10만원

① 15 % ② 20 % ③ 25 %
④ 30 % ⑤ 35 %

 • 총임대료 = 기본임대료 + 추가임대료 = 12,000만원 = (750×10만) + 추가임대료
  = 7,500만원 + 추가임대료
• 추가임대료 = 12,000만원 − 7,500만원 = 4,500만원
• 총매출액 = 750×100만 = 75,000만원
• 손익분기점 매출액 = 750×100만 = 45,000만원
• 초과 매출액 = 30,000만원
• 추가임대료 = 초과매출액×추가임대료율 = 30,000만원×추가임대료율
• 추가임대료율 = 4,500/30,000 = 0.15 = 15%

Answers 148. ①

149 임차인 A는 작년 1년 동안 분양면적 1,000m²의 매장을 비율임대차(percentage lease)방식으로 임차하였다. 계약내용에 따르면, 매출액이 손익분기점 매출액 이하이면 기본임대료만 지급하고, 이를 초과하는 매출액에 대해서는 일정 임대료율을 적용한 추가임대료를 기본임대료에 가산하도록 하였다. 전년도 연임대료로 총 5,500만원을 지급한 경우, 해당 계약내용에 따른 손익분기점 매출액은? (단, 연간 기준이며, 주어진 조건에 한함) ▶제31회

- 기본임대료: 분양면적 m²당 5만원
- 손익분기점 매출액을 초과하는 매출액에 대한 임대료율: 5%
- 매출액: 분양면적 m²당 30만원

① 1억 6,000만원 ② 1억 7,000만원 ③ 1억 8,000만원
④ 1억 9,000만원 ⑤ 2억원

> **해설**
> - 기본임대료 5천만원 = 5만원×1,000m²
> - 연임대료 5,500만원 = 5천만원+500만원
> - 매출액 = 3억원 = 30만원×1,000m²
> - ∴ (3억원−x)×5% = 500만원 ⇨ x = 2억원

150 A회사는 분양면적 500m²의 매장을 손익분기점 매출액 이하이면 기본임대료만 부담하고, 손익분기점 매출액을 초과하는 매출액에 대하여 일정 임대료율을 적용한 추가임대료를 가산하는 비율임대차(percentage lease)방식으로 임차하고자 한다. 향후 1년 동안 A회사가 지급할 것으로 예상되는 연임대료는? (단, 주어진 조건에 한하며, 연간 기준임) ▶제30회

- 예상매출액: 분양면적 m²당 20만원
- 기본임대료: 분양면적 m²당 6만원
- 손익분기점 매출액: 5,000만원
- 손익분기점 매출액 초과 매출액에 대한 임대료율: 10%

① 3,200만원 ② 3,300만원 ③ 3,400만원
④ 3,500만원 ⑤ 3,600만원

> **해설**
> - 예상매출액 = 500m²×20만원 = 1억원
> ∴ 5,000만원까지는 기본임대료를 내고 초과매출액 5,000만원에 대해 추가임대료를 비율로 지급해야 한다.
> - 기본임대료 = 500m²×6만원 = 3,000만원
> - 초과매출액에 대한 임대료 = 5,000만원×10% = 500만원
> ∴ 1년 동안 지급할 연임대료는 3,500만원이다.

Answers 149. ⑤ 150. ④

Theme 08 부동산개발론

151 부동산개발사업에 관한 설명으로 틀린 것은? ▶제35회

① 부동산개발의 타당성분석 과정에서 시장분석을 수행하기 위해서는 먼저 시장지역을 설정하여야 한다.
② 부동산개발업의 관리 및 육성에 관한 법령상 건축물을 리모델링 또는 용도변경하는 행위(다만, 시공을 담당하는 행위는 제외한다)는 부동산개발에 포함된다.
③ 민간투자사업에 있어 민간사업자가 자금을 조달하여 시설을 건설하고 일정기간 소유 및 운영을 한 후 국가 또는 지방자치단체에게 시설의 소유권을 이전하는 방식은 BOT(build-operate-transfer) 방식이다.
④ 부동산개발의 유형을 신개발방식과 재개발방식으로 구분하는 경우, 도시 및 주거환경정비법령상 재건축사업은 재개발방식에 속한다.
⑤ 개발사업의 방식 중 사업위탁방식과 신탁개발방식의 공통점은 토지소유자가 개발사업의 전문성이 있는 제3자에게 토지소유권을 이전하고 사업을 위탁하는 점이다.

해설 ⑤ 사업수탁방식 개발사업은 토지소유자가 소유권을 그대로 가진 채로 개발업자에게 사업시행을 의뢰하고 개발업자는 사업대행에 따른 수수료 등을 받는 형태이다.

152 부동산개발에 관한 설명으로 틀린 것은? ▶제32회

① 부동산개발사업 진행 시 행정의 변화에 따른 사업의 인·허가 지연위험은 사업시행자가 스스로 관리할 수 없는 위험이다.
② 공영(공공)개발은 공공성과 공익성을 위해 택지를 조성한 후 분양 또는 임대하는 토지개발방식을 말한다.
③ 환지방식은 택지가 개발되기 전 토지의 위치·지목·면적 등을 고려하여 택지개발 후 개발된 토지를 토지소유자에게 재분배하는 방식을 말한다.
④ 부동산개발은 미래의 불확실한 수익을 근거로 개발을 진행하기 때문에 위험성이 수반된다.
⑤ 흡수율분석은 재무적 사업타당성분석에서 사용했던 주요 변수들의 투입 값을 낙관적, 비관적 상황으로 적용하여 수익성을 예측하는 것을 말한다.

해설 ⑤ 민감도분석에 대한 설명이다.

Answers 151. ⑤ 152. ⑤

153. 부동산개발사업의 분류상 다음 ( )에 들어갈 내용으로 옳은 것은? ▶제31회

토지소유자가 조합을 설립하여 농지를 택지로 개발한 후 보류지(체비지·공공시설 용지)를 제외한 개발토지 전체를 토지소유자에게 배분하는 방식
- 개발 형태에 따른 분류: (㉠)
- 토지취득방식에 따른 분류: (㉡)

① ㉠ 신개발방식, ㉡ 수용방식
② ㉠ 재개발방식, ㉡ 환지방식
③ ㉠ 신개발방식, ㉡ 혼용방식
④ ㉠ 재개발방식, ㉡ 수용방식
⑤ ㉠ 신개발방식, ㉡ 환지방식

해설 ⑤ 설문은 환지방식에 대한 설명이다. 환지방식은 재개발이 아닌 신개발방식이다.

154. A광역시장은 관할구역 중 농지 및 야산으로 형성된 일단의 지역에 대해 도시개발법령상 도시개발사업(개발 후 용도: 주거용 및 상업용 택지)을 추진하면서 시행방식을 검토하고 있다. 수용방식(예정사업시행자: 지방공사)과 환지방식(예정사업시행자: 도시개발사업조합)을 비교한 설명으로 틀린 것은? (단, 보상금은 현금으로 지급하며, 주어진 조건에 한함) ▶제35회

① 수용방식은 환지방식에 비해 세금감면을 받기 위한 대토(代土)로 인해 도시개발구역 밖의 지가를 상승시킬 가능성이 크다.
② 수용방식은 환지방식에 비해 사업시행자의 개발토지(조성토지) 매각부담이 크다.
③ 사업시행자의 사업비부담에 있어 환지방식은 수용방식에 비해 작다.
④ 사업으로 인해 개발이익이 발생하는 경우, 환지방식은 수용방식에 비해 종전 토지소유자에게 귀속될 가능성이 크다.
⑤ 개발절차상 환지방식은 토지소유자의 동의를 받아야 하는 단계(횟수)가 수용방식에 비해 적어 절차가 간단하다.

해설 ⑤ 환지방식은 의견수렴 등을 거쳐야 하기에 절차가 더 복잡하다.

Answers 153. ⑤ 154. ⑤

1차 부동산학개론

155 부동산개발사업의 타당성분석과 관련하여 다음의 설명에 해당하는 ( )에 알맞은 용어는? ▶제31회

- (㉠): 특정 부동산이 가진 경쟁력을 중심으로 해당 부동산이 분양될 수 있는 가능성을 분석하는 것
- (㉡): 타당성분석에 활용된 투입요소의 변화가 그 결과치에 어떠한 영향을 주는가를 분석하는 기법

① ㉠ 경제성분석, ㉡ 민감도분석
② ㉠ 경제성분석, ㉡ SWOT분석
③ ㉠ 시장성분석, ㉡ 흡수율분석
④ ㉠ 시장성분석, ㉡ SWOT분석
⑤ ㉠ 시장성분석, ㉡ 민감도분석

해설
- 경제성분석: 시장분석에서 수집된 자료를 활용하여 개발사업에 대한 수익성을 평가, 투자 결정을 하는 것이다.
- SWOT분석: Strength(강점), Weakness(약점), Opportunities(기회), Threats(위협)을 파악하여 문제를 분석하는 것이다.
- 흡수율분석: 시장에 공급된 부동산이 1년 동안 시장에서 얼마만큼의 비율로 흡수되었는가를 분석하는 것이다.

156 사회기반시설에 대한 민간투자법령상 BOT(build-operate-transfer) 방식에 대한 내용이다. ( )에 들어갈 내용을 〈보기〉에서 옳게 고른 것은? ▶제34회

사회기반시설의 (ㄱ)에 일정기간 동안 (ㄴ)에게 해당 시설의 소유권이 인정되며 그 기간이 만료되면 (ㄷ)이 (ㄹ)에 귀속되는 방식이다.

┤보기├
a. 착공 후
b. 준공 후
c. 사업시행자
d. 국가 또는 지방자치단체
e. 시설소유권
f. 시설관리운영권

① ㄱ-a, ㄴ-c, ㄷ-e, ㄹ-d
② ㄱ-a, ㄴ-c, ㄷ-e, ㄹ-c
③ ㄱ-a, ㄴ-d, ㄷ-f, ㄹ-c
④ ㄱ-b, ㄴ-c, ㄷ-e, ㄹ-d
⑤ ㄱ-b, ㄴ-d, ㄷ-f, ㄹ-c

해설 사회기반시설의 <u>준공 후</u>에 일정기간 동안 <u>사업시행자</u>에게 해당 시설의 소유권이 인정되며 그 기간이 만료되면 <u>시설소유권</u>이 <u>국가 또는 지방자치단체</u>에 귀속되는 방식이다.

Answers 155. ⑤ 156. ④

157 다음 중 아파트개발사업을 추진하고 있는 시행사의 사업성에 긍정적 영향을 주는 요인은 모두 몇 개인가? (단, 다른 조건은 동일함) ▶제29회

> • 공사기간의 연장
> • 대출이자율의 상승
> • 초기 분양률의 저조
> • 인·허가 시 용적률의 증가
> • 매수예정 사업부지가격의 상승

① 1개 ② 2개 ③ 3개
④ 4개 ⑤ 5개

> **해설** ① 인·허가 시 용적률의 증가는 긍정적인 영향을 주는 요인이고, 나머지는 모두 부정적인 영향을 주는 요인이다.

158 지대이론에 관한 설명으로 옳은 것은? ▶제34회

① 튀넨(J. H. von Thunen)의 위치지대설에 따르면, 비옥도 차이에 기초한 지대에 의해 비농업적 토지이용이 결정된다.
② 마샬(A. Marshall)의 준지대설에 따르면, 생산을 위하여 사람이 만든 기계나 기구들로부터 얻은 일시적인 소득은 준지대에 속한다.
③ 리카도(D. Ricardo)의 차액지대설에서 지대는 토지의 생산성과 운송비의 차이에 의해 결정된다.
④ 마르크스(K. Marx)의 절대지대설에 따르면, 최열등지에서는 지대가 발생하지 않는다.
⑤ 헤이그(R. Haig)의 마찰비용이론에서 지대는 마찰비용과 교통비의 합으로 산정된다.

> **해설** ① 튀넨은 지대의 결정이 토지의 비옥도만이 아닌 위치에 따라 달라지는 위치 지대의 개념을 도입하였다. 튀넨의 위치지대설에 따르면, 운송비 차이에 기초한 지대에 의해 농업적 토지이용이 결정된다.
> ③ 리카도의 차액지대설에서 지대는 토지의 생산성과 비옥도 차이에 의해 결정된다.
> ④ 마르크스의 절대지대설에 따르면, 최열등지(한계지)에서도 지대가 발생한다.
> ⑤ 헤이그의 마찰비용이론에서 마찰비용은 지대와 교통비의 합으로 산정된다.

Answers 157. ① 158. ②

159 지대이론에 관한 설명으로 옳은 것은? ▶제29회

① 차액지대는 토지의 위치를 중요시하고 비옥도와는 무관하다.
② 준지대는 토지사용에 있어서 지대의 성질에 준하는 잉여로 영구적 성격을 가지고 있다.
③ 절대지대는 토지의 생산성과 무관하게 토지가 개인에 의해 배타적으로 소유되는 것으로부터 발생한다.
④ 경제지대는 어떤 생산요소가 다른 용도로 전용되지 않고 현재의 용도에 그대로 사용되도록 지급하는 최소한의 지급액이다.
⑤ 입찰지대는 토지소유자의 노력과 희생 없이 사회 전체의 노력에 의해 창출된 지대이다.

> **해설** ① 토지의 위치를 중요시 한 이론은 튀넨의 위치지대설이다.
> ② 마샬은 일시적으로 토지와 유사한 성격을 가지는 생산요소에 귀속되는 소득을 준지대로 설명한다.
> ④ 전용수입에 대한 설명이다. 경제지대란 생산요소가 얻는 총소득 중에서 전용수입을 초과하는 부분이다.
> ⑤ 입찰지대란 단위면적의 토지에 대해 토지이용자가 지불하고자 하는 최대금액으로 초과이윤이 0이 되는 수준의 지대를 말한다.

160 다음의 내용을 모두 설명하는 지대는? ▶제27회

> • 지대는 토지소유자가 토지를 소유하고 있다는 독점적 지위 때문에 받는 수입이므로 최열등지에서도 발생함.
> • 지대란 토지의 비옥도나 생산력에 관계없이 발생함.
> • 지대는 토지의 사유화로 인해 발생함.

① 마샬(A.Marshall)의 준지대
② 리카도(D.Ricardo)의 차액지대
③ 알론소(W.Alonso)의 입찰지대
④ 튀넨(J.H.von Thunen)의 위치지대
⑤ 마르크스(K.Marx)의 절대지대

> **해설** ⑤ 마르크스의 절대지대론에서는 지대는 토지를 소유하고 있다는 독점적 지위에 의해 발생하므로 최열등지에도 지대가 발생한다고 본다.

Answers 159. ③ 160. ⑤

161 다음 중 리카도(D. Ricardo)의 차액지대론에 관한 설명으로 옳은 것을 모두 고른 것은? ▶제31회

㉠ 지대 발생의 원인으로 비옥한 토지의 부족과 수확체감의 법칙을 제시하였다.
㉡ 조방적 한계의 토지에는 지대가 발생하지 않으므로 무지대(無地代) 토지가 된다.
㉢ 토지소유자는 토지 소유라는 독점적 지위를 이용하여 최열등지에도 지대를 요구한다.
㉣ 지대는 잉여이기에 토지생산물의 가격이 높아지면 지대가 높아지고 토지생산물의 가격이 낮아지면 지대도 낮아진다.

① ㉠, ㉢
② ㉡, ㉣
③ ㉠, ㉡, ㉢
④ ㉠, ㉡, ㉣
⑤ ㉡, ㉢, ㉣

해설 ㉢ 마르크스의 절대지대설에 관한 설명이다.

162 도시공간구조이론 및 지대이론에 관한 설명으로 틀린 것은? ▶제32회

① 버제스(E. Burgess)의 동심원이론에 따르면 중심업무지구와 저소득층 주거지대 사이에 점이지대가 위치한다.
② 호이트(H. Hoyt)의 선형이론에 따르면 도시공간구조의 성장과 분화는 주요 교통축을 따라 부채꼴 모양으로 확대되면서 나타난다.
③ 해리스(C. Harris)와 울만(E. Ullman)의 다핵심이론에 교통축을 적용하여 개선한 이론이 호이트의 선형이론이다.
④ 헤이그(R. Haig)의 마찰비용이론에 따르면 마찰비용은 교통비와 지대로 구성된다.
⑤ 알론소(W. Alonso)의 입찰지대곡선은 도심에서 외곽으로 나감에 따라 가장 높은 지대를 지불할 수 있는 각 산업의 지대곡선들을 연결한 것이다.

해설 ③ 호이트의 선형이론은 버제스의 동심원 이론에 교통축을 적용하여 개선한 이론이다.

Answers 161. ④ 162. ③

163 다음 내용을 모두 만족시키는 도시공간구조이론은? ▶제29회

- 유사한 도시활동은 집적으로부터 발생하는 이익 때문에 집중하려는 경향이 있다.
- 서로 다른 도시활동 중에서는 집적 불이익이 발생하는 경우가 있는데, 이러한 활동은 상호 분리되는 경향이 있다.
- 도시활동 중에는 교통이나 입지의 측면에서 특별한 편익을 필요로 하는 기능들이 있다.
- 해리스와 울만이 주장하였다.

① 동심원이론　　　　② 선형이론　　　　③ 다핵심이론
④ 입지지대이론　　　⑤ 최소비용이론

해설 ③ 해리스와 울만의 다핵심이론에 대한 설명이다.

164 다음에서 설명하는 내용을 〈보기〉에서 올바르게 고른 것은? ▶제30회

- ㉠ 토지이용이 도시를 중심으로 지대지불능력에 따라 달라진다는 튀넨(J.H.von Thünen)의 이론을 도시 내부에 적용하였다.
- ㉡ 공간적 중심지 규모의 크기에 따라 상권의 규모가 달라진다는 것을 실증하였다.
- ㉢ 특정 점포가 최대 이익을 얻을 수 있는 매출액을 확보하기 위해서는 어떤 장소에 입지하여야 하는지를 제시하였다.

―보기―
(가) 버제스(E. Burgess)의 동심원이론　　(나) 레일리(W. Reilly)의 소매인력법칙
(다) 크리스탈러(W. Christaller)의 중심지이론　　(라) 넬슨(R. Nelson)의 소매입지이론

① ㉠: (가), ㉡: (나), ㉢: (다)　　② ㉠: (가), ㉡: (나), ㉢: (라)
③ ㉠: (가), ㉡: (다), ㉢: (라)　　④ ㉠: (나), ㉡: (다), ㉢: (가)
⑤ ㉠: (나), ㉡: (다), ㉢: (라)

해설 ㉠: 도시공간구조론 중 (가) 버제스의 동심원이론에 대한 내용이다.
㉡: 저차, 중차, 고차 중심지 등 중심의 규모에 따라 상권의 규모가 달라진다는 (다) 크리스탈러의 중심지이론 내용이다.
㉢: (라) 넬슨의 소매입지이론에 대한 내용이다.

Answers　163. ③　164. ③

165 다음에 해당하는 도시 및 주거환경정비법상의 정비사업은? ▶제35회

> 도시저소득 주민이 집단거주하는 지역으로서 정비기반시설이 극히 열악하고 노후·불량건축물이 과도하게 밀집한 지역의 주거환경을 개선하거나 단독주택 및 다세대주택이 밀집한 지역에서 정비기반시설과 공동이용시설 확충을 통하여 주거환경을 보전·정비·개량하기 위한 사업

① 자율주택정비사업 ② 소규모재개발사업
③ 가로주택정비사업 ④ 소규모재건축사업
⑤ 주거환경개선사업

해설 도시 및 주거환경정비법 제2조

Theme 09 부동산입지론

166 다음 설명에 모두 해당하는 것은? ▶제35회

> • 토지의 비옥도가 동일하더라도 중심도시와의 접근성 차이에 의해 지대가 차별적으로 나타난다.
> • 한계지대곡선은 작물의 종류나 농업의 유형에 따라 그 기울기가 달라질 수 있으며, 이 곡선의 기울기에 따라 집약적 농업과 조방적 농업으로 구분된다.
> • 가장 높은 지대를 지불하는 농업적 토지이용에 토지가 할당된다.

① 마샬(A. Marshall)의 준지대설
② 헤이그(R. Haig)의 마찰비용이론
③ 튀넨(J. H. von Thünen)의 위치지대설
④ 마르크스(K. Marx)의 절대지대설
⑤ 파레토(V. Pareto)의 경제지대론

해설 ③ 튀넨의 위치지대설에 대한 설명이다.

Answers 165. ⑤ 166. ③

167 크리스탈러(W. Christaller)의 중심지이론에 관한 설명으로 옳은 것은? ▶제34회

① 최소요구범위 – 중심지 기능이 유지되기 위한 최소한의 수요 요구 규모
② 최소요구치 – 중심지로부터 어느 기능에 대한 수요가 0이 되는 곳까지의 거리
③ 배후지 – 중심지에 의해 재화와 서비스를 제공받는 주변지역
④ 도달범위 – 판매자가 정상이윤을 얻을 만큼의 충분한 소비자들을 포함하는 경계까지의 거리
⑤ 중심지 재화 및 서비스 – 배후지에서 중심지로 제공되는 재화 및 서비스

해설 ① 최소요구치 – 중심지 기능이 유지되기 위한 최소한의 수요 요구 규모
② 재화의 도달거리 – 중심지로부터 어느 기능에 대한 수요가 0이 되는 곳까지의 거리
④ 최소요구범위 – 판매자가 정상이윤을 얻을 만큼의 충분한 소비자들을 포함하는 경계까지의 거리
⑤ 중심지 재화 및 서비스 – 중심지에서 배후지로 제공되는 재화 및 서비스

168 허프(D. Huff)모형에 관한 설명으로 틀린 것은? (단, 다른 조건은 동일함) ▶제30회

① 중력모형을 활용하여 상권의 규모 또는 매장의 매출액을 추정할 수 있다.
② 모형의 공간(거리)마찰계수는 시장의 교통조건과 쇼핑물건의 특성에 따라 달라지는 값이다.
③ 모형을 적용하기 전에 공간(거리)마찰계수가 먼저 정해져야 한다.
④ 교통조건이 나쁠 경우, 공간(거리)마찰계수가 커지게 된다.
⑤ 전문품점의 경우는 일상용품점보다 공간(거리)마찰계수가 크다.

해설 ⑤ 전문품점의 경우는 일상용품보다 공간(거리)마찰계수가 작다. 전문품을 구매하는 경우는 거리가 멀더라도 방문하려는 성향이 강하지만 일상용품의 경우에는 구태여 멀리 가서 쇼핑하려는 성향이 낮다. 즉, 거리 저항은 일상용품점이 전문품점보다 크다.

Answers 167. ③ 168. ⑤

169 허프(D. Huff)모형을 활용하여 점포 A의 월 매출액을 추정하였는데, 착오에 의해 공간(거리)마찰계수가 잘못 적용된 것을 확인하였다. 올바르게 추정한 점포 A의 월 매출액은 잘못 추정한 점포 A의 월 매출액보다 얼마나 증가하는가? (단, 주어진 조건에 한함) ▶제34회

- X지역의 현재 주민: 10,000명
- 1인당 월 점포 소비액: 30만원
- 올바른 공간(거리)마찰계수: 2
- 잘못 적용된 공간(거리)마찰계수: 1
- X지역의 주민은 모두 구매자이고, 점포(A, B, C)에서만 구매한다고 가정함
- 각 점포의 매출액은 X지역 주민에 의해서만 창출됨

구분	점포 A	점포 B	점포 C
면적	750㎡	2500㎡	500㎡
X지역 거주지로부터의 거리	5km	10km	5km

① 1억원　　② 2억원　　③ 3억원　　④ 4억원　　⑤ 5억원

해설 면적 약분 점포A(15), 점포A(50), 점포A(10)
거리 약분 점포A(1), 점포A(2), 점포A(1)
- A유입력 = (15/1) 마찰계수(2)
- B유입력 = (50/2) 마찰계수(2)
- C유입력 = (10/1) 마찰계수(2)
- A점포 월매출 = (15/1)/(15/1+50/4+10/1) = 15/37.5×10,000×300,000 = 1,200,000,000원
- 월매출 증가액 = 1,200,000,000원 − 900,000,000원 = 300,000,000원

Answers　169. ③

170 레일리(W.Reilly)의 소매인력법칙을 적용할 경우, 다음과 같은 상황에서 ( )에 들어갈 숫자로 옳은 것은? ▶제26회

- 인구가 1만 명인 A시와 5천 명인 B시가 있다. A시와 B시 사이에 인구 9천 명의 신도시 C가 들어섰다. 신도시 C로부터 A시, B시까지의 직선거리는 각각 1km, 2km이다.
- 신도시 C의 인구 중 비구매자는 없고 A시, B시에서만 구매활동을 한다고 가정할 때, 신도시 C의 인구 중 A시로의 유인 규모는 (㉠)명이고, A시로의 유인 규모는 (㉡)명이다.

① ㉠ 6,000, ㉡ 3,000
② ㉠ 6,500, ㉡ 2,500
③ ㉠ 7,000, ㉡ 2,000
④ ㉠ 7,500, ㉡ 1,500
⑤ ㉠ 8,000, ㉡ 1,000

해설
- A시의 유인력 = $10,000/1^2$ = 10,000, B시의 유인력 = $5,000/2^2$ = 1,250

∴ A시의 유인력 규모 = $9,000 \times \dfrac{10,000}{10,000+1,250}$ = 8,000명

- B시의 유인력 규모 = $9,000 \times \dfrac{1,250}{10,000+1,250}$ = 1,000명

171 A, B도시 사이에 C도시가 위치한다. 레일리(W.Reilly)의 소매인력법칙을 적용할 경우, C도시에서 A, B도시로 구매활동에 유인되는 인구규모는? (단, C도시의 인구는 모두 구매자이고, A, B도시에서만 구매하는 것으로 가정하며, 주어진 조건에 한함) ▶제27회

- A도시 인구 수: 400,000명
- B도시 인구 수: 100,000명
- C도시 인구 수: 50,000명
- C도시와 A도시 간의 거리: 10km
- C도시와 B도시 간의 거리: 5km

① A: 15,000명, B: 35,000명
② A: 20,000명, B: 30,000명
③ A: 25,000명, B: 25,000명
④ A: 30,000명, B: 20,000명
⑤ A: 35,000명, B: 15,000명

해설 ③ A도시와 B도시의 유인력이 동일하므로 각각 25,000명이 된다.
- A도시의 유인력 = $\dfrac{40만명}{10^2}$ = 4,000
- B도시의 유인력 = $\dfrac{10만명}{5^2}$ = 4,000

Answers 170. ⑤ 171. ③

172. 베버(A. Weber)의 최소비용이론에 관한 설명으로 틀린 것은? (단, 기업은 단일 입지 공장이고, 다른 조건은 동일함) ▶제34회

① 최소비용지점은 최소운송비 지점, 최소노동비 지점, 집적이익이 발생하는 구역을 종합적으로 고려해서 결정한다.
② 등비용선(isodapane)은 최소운송비 지점으로부터 기업이 입지를 바꿀 경우, 운송비와 노동비가 동일한 지점을 연결한 곡선을 의미한다.
③ 원료지수(material index)가 1보다 큰 공장은 원료지향적 입지를 선호한다.
④ 제품 중량이 국지원료 중량보다 큰 제품을 생산하는 공장은 시장지향적 입지를 선호한다.
⑤ 운송비는 원료와 제품의 무게, 원료와 제품이 수송되는 거리에 의해 결정된다.

> 해설 ② 등비용선은 최소운송비 지점으로부터 기업이 입지를 바꿀 경우, 운송비가 동일한 지점을 연결한 곡선을 의미한다.

173. 다음 이론에 관한 설명으로 틀린 것은? ▶제29회

① 레일리(W. Reilly)는 두 중심지가 소비자에게 미치는 영향력의 크기는 두 중심지의 크기에 반비례하고 거리의 제곱에 비례한다고 보았다.
② 베버(A. Weber)는 운송비·노동비·집적이익을 고려하여 비용이 최소화되는 지점이 공장의 최적입지가 된다고 보았다.
③ 컨버스(P. Converse)는 경쟁관계에 있는 두 소매시장 간 상권의 경계지점을 확인할 수 있도록 소매중력모형을 수정하였다.
④ 허프(D. Huff)는 소비자가 특정 점포를 이용할 확률은 소비자와 점포와의 거리, 경쟁점포의 수와 면적에 의해서 결정된다고 보았다.
⑤ 크리스탈러(W. Christaller)는 재화와 서비스에 따라 중심지가 계층화되며 서로 다른 크기의 도달범위와 최소요구범위를 가진다고 보았다.

> 해설 ① 레일리는 두 중심지가 소비자에게 미치는 영향력의 크기는 두 중심지의 크기에 비례하고 거리의 제곱에 반비례한다고 보았다.

Answers 172. ② 173. ①

174 다음 이론에 관한 설명 중 옳은 것을 모두 고른 것은? ▶제30회

> ㉠ 호이트(H. Hoyt)에 의하면 도시는 전체적으로 원을 반영한 부채꼴 모양의 형상으로 그 핵심의 도심도 하나이나 교통의 선이 도심에서 방사되는 것을 전제로 하였다.
> ㉡ 뢰시(A. Lösch)는 수요측면의 입장에서 기업은 시장확대 가능성이 가장 높은 지점에 위치해야 한다고 보았다.
> ㉢ 튀넨(J.H.von Thünen)은 완전히 단절된 고립국을 가정하여 이곳의 작물재배활동은 생산비와 수송비를 반영하여 공간적으로 분화된다고 보았다.

① ㉠
② ㉢
③ ㉠, ㉢
④ ㉡, ㉢
⑤ ㉠, ㉡, ㉢

해설 ㉠ 호이트의 선형이론은 동심원이론과 같이 단핵 모형으로 교통 노선이 방사형으로 형성되는 것을 전제로 한다.
㉡ 뢰시의 최대수요이론은 베버의 최소비용이론과 상반되는 전제로 수요가 가장 크게 되는 곳이 공장입지로서 중요하다고 본다.
㉢ 튀넨의 고립국이론(위치지대론)

175 X와 Y지역의 산업별 고용자수가 다음과 같을 때, X지역의 입지계수(LQ)에 따른 기반산업의 개수는? (단, 주어진 조건에 한함) ▶제34회

구분	X 지역	Y 지역	전지역
면적	30	50	80
A산업	50	40	90
B산업	60	50	110
C산업	100	20	120
D산업	80	60	140
전산업 고용지수	320	220	540

① 0개
② 1개
③ 2개
④ 3개
⑤ 4개

해설 한 지역에서 입지계수가 1보다 크면 기반산업이다.
- X지역(A) = X지역 A산업/전지역 A산업 = (30/320)/(80/540) = 0.6238125(비기반사업)
- X지역(B) = X지역 B산업/전지역 B산업 = (50/320) / (90/540) = 0.9375(비기반사업)
- X지역(C) = X지역 C산업/전지역 C산업 = (60/320)/(110/540) = 0.9204545455(비기반사업)
- X 지역(D) = X지역 D산업/전지역 D산업 = (100/320)/(120/540) = 1.40625(기반사업)
- X지역(E) = X지역 E산업/전지역 E산업 = (80/320)/(140/540) = 0.9642857143(비기반사업)

Answers 174. ⑤ 175. ②

176 컨버스(P. D. Converse)의 분기점모형에 기초할 때, A시와 B시의 상권 경계지점은 A시로부터 얼마만큼 떨어진 지점인가? (단, 주어진 조건에 한함) ▶제32회

- A시와 B시는 동일 직선상에 위치하고 있다.
- A시 인구: 64만명
- B시 인구: 16만명
- A시와 B시 사이의 직선거리: 30km

① 5km　　② 10km　　③ 15km
④ 20km　　⑤ 25km

해설 A시로부터 상권 경계지점까지의 거리

$$= \frac{\text{A, B 간의 전체 거리}}{1+\sqrt{\dfrac{\text{B의 크기}}{\text{A의 크기}}}} = \frac{30}{1+\sqrt{\dfrac{16만명}{64만명}}} = \frac{30}{1+\dfrac{1}{2}}$$

$= 20\text{km}$

177 입지 및 도시공간구조 이론에 관한 설명으로 틀린 것은? ▶제35회

① 호이트(H. Hoyt)의 선형이론은 단핵의 중심지를 가진 동심원 도시구조를 기본으로 하고 있다는 점에서 동심원이론을 발전시킨 것이라 할 수 있다.
② 크리스탈러(W. Christaller)는 중심성의 크기를 기초로 중심지가 고차중심지와 저차중심지로 구분되는 동심원이론을 설명했다.
③ 해리스(C. Harris)와 울만(E. Ullman)은 도시 내부의 토지이용이 단일한 중심의 주위에 형성되는 것이 아니라 몇 개의 핵심지역 주위에 형성된다는 점을 강조하면서, 도시공간구조가 다핵심구조를 가질 수 있다고 보았다.
④ 베버(A. Weber)는 운송비의 관점에서 특정 공장이 원료지향적인지 또는 시장지향적인지를 판단하기 위해 원료지수(material index)개념을 사용했다.
⑤ 허프(D. Huff)모형의 공간(거리)마찰계수는 도로환경, 지형, 주행수단 등 다양한 요인에 영향을 받을 수 있는 값이며, 이 모형을 적용하려면 공간(거리)마찰계수가 정해져야 한다.

해설 ② 중심지가 고차중심지와 저차중심지로 구분되는 것은 중심지이론이다.

Answers　176. ④　177. ②

178 도시공간구조이론 및 입지이론에 관한 설명으로 옳은 것은? ▶제34회

① 버제스(E. Burgess)의 동심원이론에서 통근자지대는 가장 외곽에 위치한다.
② 호이트(H. Hoyt)의 선형이론에 따르면, 도시공간구조의 성장과 분화는 점이지대를 향해 직선으로 확대되면서 나타난다.
③ 해리스(C. Harris)와 울만(E. Ullman)의 다핵심이론에는 중심업무지구와 점이지대가 존재하지 않는다.
④ 뢰쉬(A. Losch)의 최대수요이론은 운송비와 집적이익을 고려한 특정 사업의 팔각형 상권체계 과정을 보여준다.
⑤ 레일리(W. Reilly)의 소매인력법칙은 특정 점포가 최대이익을 확보하기 위해 어떤 장소에 입지하는가에 대한 8원칙을 제시한다.

> 해설 ② 호이트의 선형이론에 따르면, 도시공간구조의 성장과 분화는 교통축을 향해서 부채꼴(쐐기)모양으로 확대되면서 나타난다.
> ③ 중심업무지구는 모든 도시공간구조에 존재한다.
> ④ 운송비와 집적이익을 고려한 특정 사업의 팔각형 상권체계 과정을 보여주는 것은 베버(A. Weber)의 최소비용이론이다.
> ⑤ 넬슨(R.L.Nelson)의 소매입지론이 특정 점포가 최대이익을 확보하기 위해 어떤 장소에 입지하는가에 대한 8원칙을 제시한다.

179 다음 입지와 도시공간구조에 관한 설명으로 옳은 것을 모두 고른 것은? ▶제31회

> ㉠ 컨버스(P. Converse)는 소비자들의 특정 상점의 구매를 설명할 때 실측거리, 시간거리, 매장규모와 같은 공간요인뿐만 아니라 효용이라는 비공간요인도 고려하였다.
> ㉡ 호이트(H. Hoyt)는 저소득층의 주거지가 형성되는 요인으로 도심과 부도심 사이의 도로, 고지대의 구릉지, 주요 간선도로의 근접성을 제시하였다.
> ㉢ 넬슨(R. Nelson)은 특정 점포가 최대 이익을 얻을 수 있는 매출액을 확보하기 위해서 어떤 장소에 입지하여야 하는지를 제시하였다.
> ㉣ 알론소(W. Alonso)는 단일도심도시의 토지이용형태를 설명함에 있어 입찰지대의 개념을 적용하였다.

① ㉠
② ㉠, ㉡
③ ㉡, ㉢
④ ㉢, ㉣
⑤ ㉡, ㉢, ㉣

> 해설 ㉠ 효용은 고려하지 않는다. 효용까지 고려한 것은 허프(Huff)의 확률모형이다.
> ㉡ 호이트(H. Hoyt)는 고소득층의 주거지가 형성되는 요인으로 보기의 것들을 제시하였다.

Answers 178. ① 179. ④

만화로 배우는
박문각 공인중개사
1차 부동산학개론

Part 03

감정평가론

Theme 01 감정평가의 기초이론
Theme 02 부동산가격이론
Theme 03 지역분석 및 개별분석
Theme 04 감정평가의 3방식
Theme 05 부동산공시제도
+ 빈출 핵심용어
+ 핵심 기출문제

감정평가의 기초이론

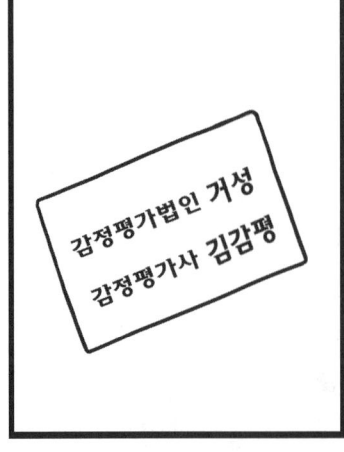

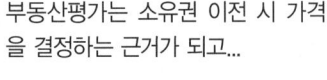

02 부동산가격이론

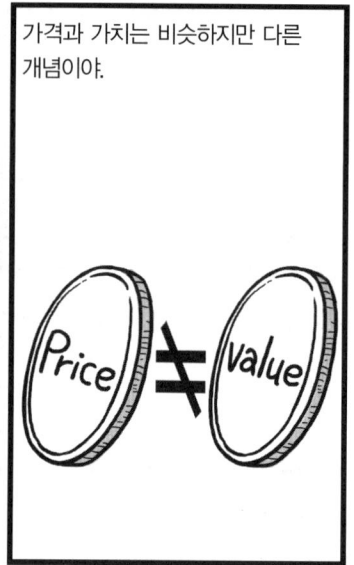

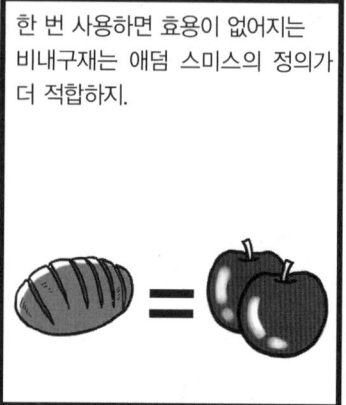

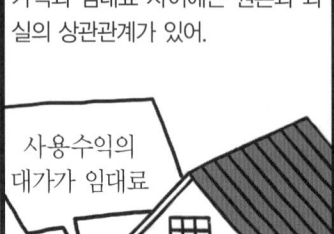

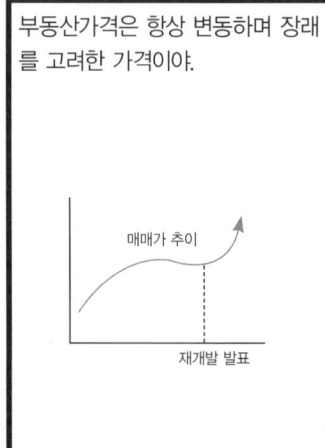

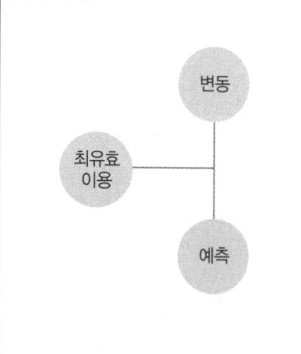
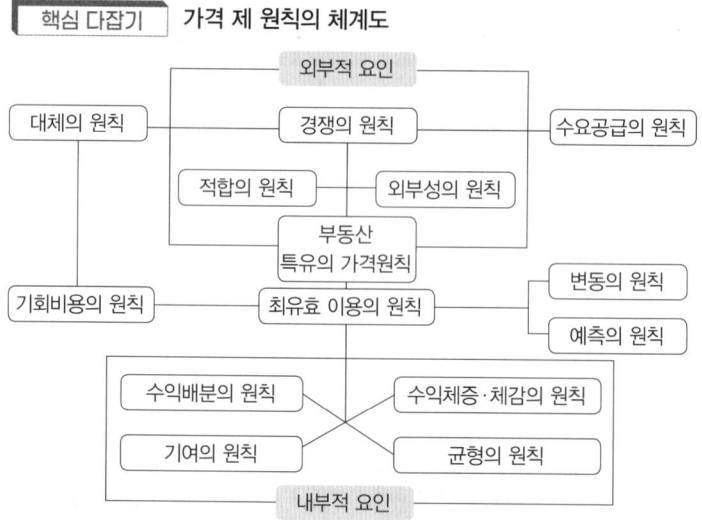

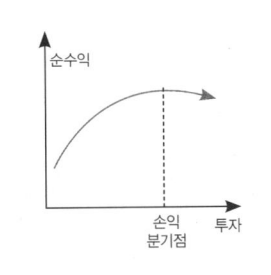

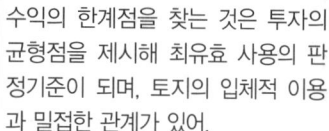

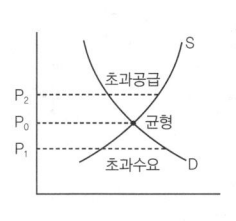

03 지역분석 및 개별분석

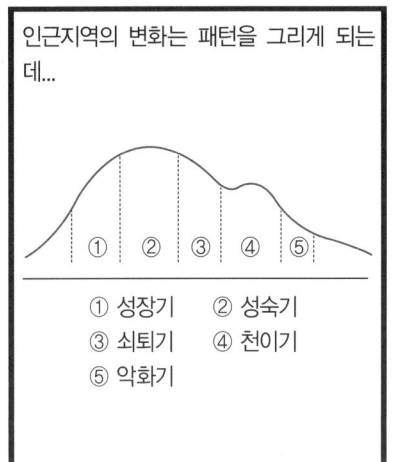

Theme 04 감정평가의 3방식

1. 감정평가 3방식 개설
부동산가격은 3면성이 있어.

비용성은 어느 정도의 비용이 투입되어 만들어진 물건인가를 의미하고 감정평가의 원가방식과 관련이 있어.

원가만 1억인데 가격이 1억 이하라면 곤란하지.

시장성은 얼마에 시장에서 거래되는가를 말하는데 감정평가의 비교방식과 관련이 있지.

얼마일까?

수익성은 얼마의 수익을 얻을 수 있는가를 나타내는데 수익방식과 관련이 있어.

현재 가격이 장래 수익에 비교해 제대로 평가된 걸까?

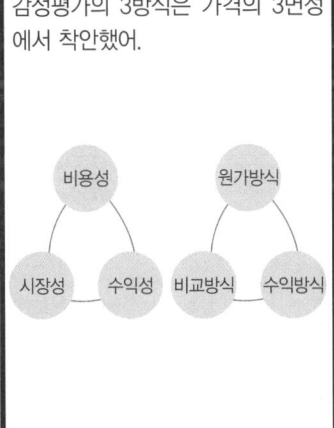

감정평가의 3방식은 가격의 3면성에서 착안했어.

3방식은 다시 가액과 임대료를 구하는 방식으로 나뉘어져 6방법이 되지.

핵심 다잡기 부동산평가의 3방식

3방식	특징	3면성	6방법		시산가액과 임대료
원가방식 (비용접근법)	공급가격	비용성	가액	원가법	적산가격
			임대료	적산법	적산임대료
비교방식 (시장접근법)	수요-공급가격 (균형가격)	시장성	가액	거래사례비교법	비준(유추)가격
			임대료	임대사례비교법	비준(유추)임대료
수익방식 (소득접근법)	수요가격	수익성	가액	수익환원법	수익가격
			임대료	수익분석법	수익임대료

마셜은 3방식에서 구한 가격은 모두 동일하게 된다(3면 등가설)고 주장했지만...

비용성, 시장성, 수익성의 측면에서 구한 가격은 대체·경쟁 등의 관계를 통하여 동일하게 되지.

만화로 배우는 공인중개사

앳킨슨은 3방식 모두를 검토해 시산(試算)가액을 조정할 필요가 있다고 봤어.

부동산은 각각 성격이나 조건이 모두 다르기 때문이죠.

현실적으로 3방식으로 산출한 시산가격들이 일치하기는 어려워.

부동산가격의 변동이 심하고, 투기성향이 강한 불안정한 상태에서는 시산가액이 일치하기 어려워요.

서로 다른 특징과 장·단점을 가지므로, 3방식을 병용하고 상호 검증함으로써 적정가격 판정하는 것이 바람직해.

감정평가에 관한 규칙에서도 3방식의 병용을 규정하고 있어.

각 방식에 따라 나온 시산가격을 조정하는 방법은 크게 3가지가 있어.

- 산술평균
- 가중치부여
- 주방식에 부수방식으로 참고

산술평균을 내는 방식은 다음과 같은데 현재는 사용하지 않는 방법이야.

$$\frac{1억 + 1.5억 + 2억}{3} = 1.5억$$

구체적 사정에 대한 고려가 없기 때문이죠.

대상물건의 특성, 평가목적, 평가조건 등을 검토하여 그 중요도에 따라 가중치를 설정하고 이를 근거로 가중평균하여 시산가액을 조정하거나…

이 건물은 거래 가격에 중점을 두고….

감정평가사가 가장 정확하다고 생각하는 한 가지 방법으로 가치를 구하여 다른 시산가액으로 검증하는 방법이 널리 쓰이는 조정방법이야.

이러이러해서 이러한 가격이 나왔습니다.

조정을 함에 있어서는 적절성, 정확성, 자료의 양 등을 고려하여야 해.

적절한 화살을 장전해야 정확히 맞힐 수 있다고.

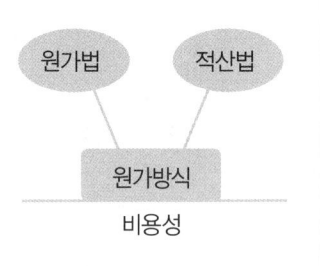

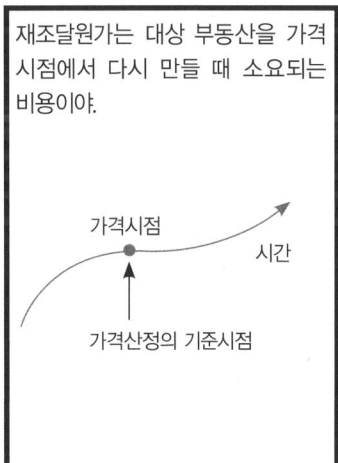
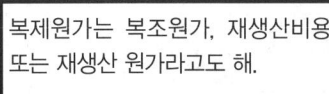

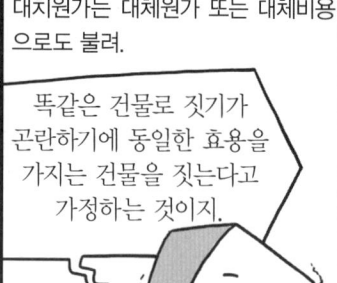

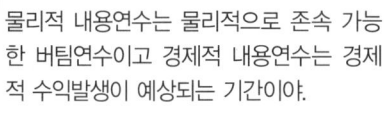

3. 비교방식

비교방식에는 거래사례비교법, 임대사례비교법, 공시지가비교법이 있는데,

- 거래사례
- 임대사례
- 공시지가비교

거래사례비교법이란 대상물건과 유사성이 있는 동일수급권 내의 물건의 거래사례와 비교하여 대상물건의 현황에 맞게 사정보정, 시점수정 등을 가하여 가격을 산정하는 방법이야.

거래사례의 수집 (동일수급권) ⇨ 사례의 선택 ⇨ 사례자료의 수정 ⇨ 비준가격

비준가격을 구하는 식은 다음과 같지.

비준가격 = 사례가격 × (사정보정치 × 시점수정치 × 지역요인비교치 × 개별요인비교치 × 면적)

대상부동산과 사례부동산을 사정보정하는 것이 중요한데...

사례부동산을 분모에, 대상부동산을 분자에 놓고 둘 다 100이라고 가정하고 시작해.

$$\frac{100(대상부동산)}{100(사례부동산)}$$

사정보정을 할 때 100을 기준으로 우세한 만큼 +α나 +β, 열세인 경우 −α나 −β를 하지.

$$\frac{100 \pm \alpha}{100 + \beta}$$

이번에도 기출문제를 통해 익혀보자.

● 대상부동산의 가격을 계산하면?
- 대상부동산이 사례부동산보다 개별적으로 10% 우세하다.
- 대상지역의 상권이 사례지역보다 5% 열등하다.
- 사례부동산은 2일 전 9억 원에 거래되었다.

만화로 배우는 공인중개사

'대상부동산이 사례부동산보다 개별적으로 10% 우세'하므로 대상부동산에 +10을 하고...

$$\frac{100 + 10}{100} = \frac{110}{100}$$

'대상지역의 상권이 사례지역보다 5% 열등'하므로 대상부동산에 -5를 해.

$$\frac{100 - 5}{100} = \frac{95}{100}$$

'사례부동산은 2일 전 9억 원에 거래'되었으므로 거래사례가격은 9억 원이 되지.

끄덕 끄덕

주어진 설문으로만 판단했을 경우 각 요인은 다음과 같고...

① 거래사례가격: 9억 원
② 사정보정: 자료 제시 없음(정상거래)
③ 시점수정: 2일간 지가변동이 없으므로 시점수정 불필요
④ 지역요인: 95/100
⑤ 개별요인: 110/100
⑥ 면적: 자료 제시 없음

비준가격은 다음과 같이 산출돼.

가격 = 거래사례가격 × 사정보정 × 시점수정 × 지역요인 × 개별요인 × 면적 × 기타

9억 원 × 110/100 × 95/100 = 940,500,000원

임대사례비교법은 유사한 다른 물건의 임대사례와 비교하여 사정보정과 시점수정 등을 하여 임료를 산정하는 방식이야.

비교 임대사례를 수집하는 것이 중요하지.

비준임료를 아래의 식을 이용해서 구해.

비준임료 = 사례임료 × (사정보정치 × 시점수정치 × 지역요인 비교치 × 개별요인 비교치 × 면적)

여기서의 임료는 실질임료를 기준으로 해.

실질임료 = 순임료 + 필요제경비

주인에게 주는 임대료 외에 관리비 등의 요금을 합한 거지?

맞았어.

4. 수익방식

수익방식에는 가격을 구하는 수익환원법과 임료를 구하는 수익분석법이 있어.

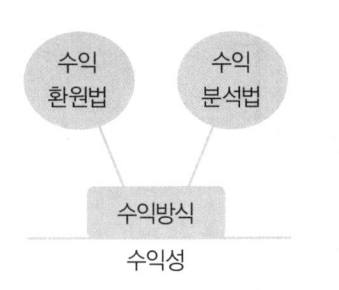

수익환원법은 장래 기대되는 순수익을 환원이율로 환원하여 가격 시점의 감정가격을 구하는 것이야.

수익환원법에서는 부동산의 시장가치란 장래 기대되는 소득을 현재가치로 환원한 값이라고 봐.

소득을 많이 창출하는 부동산일수록 가치가 크겠네.

수익환원법은 기업용 또는 임대용 부동산 등 수익성 부동산의 평가에 적합하지만 주거용·교육용·공공용 부동산처럼 수익이 없는 부동산엔 적용하기 힘들다는 단점이 있지.

수익환원법의 3요소는 순수익, 환원이율, 환원방법이야.

$$수익가격 = \frac{순수익}{환원이율} = \frac{순수익}{자본수익률+자본회수율} = \frac{순수익}{할인율+상각률}$$

순수익은 장래 예상되는 총수익에서 총비용을 차감하여 구해.

- 기업용 부동산의 순수익 = 총매출액 − 영업경비
- 임대용 부동산의 순수익 = 총임대수입 − 필요제경비

순수익을 산정하는 방법에는 다음과 같은 것들이 있어.

- 직접법: 대상부동산으로부터 직접적으로 순수익을 구하는 방식
- 간접법: 유사부동산으로부터 간접적으로 순수익을 구하는 방식
- 잔여법: 토지잔여법, 건물잔여법

환원이율은 원본가격에 대한 순수익의 비율로서 장래 기대되는 순수익을 환원하여 부동산가격을 구하기 위한 이율이야.

$$직접법에 의한 환원이율 = \frac{순수익(순영업소득)}{부동산가격}$$

Theme 05 부동산공시제도

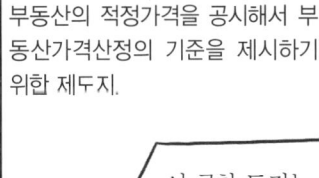

부동산가격공시제도는 대상에 따라 다음과 같은 종류가 있어.

공시가격 종류		적용대상	공시주체
공시지가	표준지공시지가	비주거용 부동산	국토교통부장관
	개별공시지가		시·군·구청장
단독주택 공시가격	표준주택 공시가격	단독주택	국토교통부장관
	개별주택 공시가격		시·군·구청장
공동주택 공시가격		공동주택	국토교통부장관

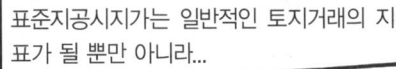

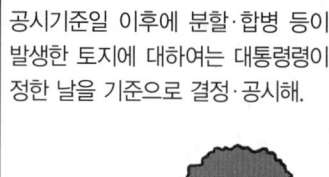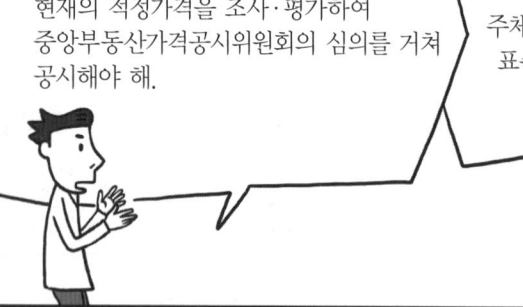

빈출 핵심용어

감정평가 (鑑定評價) ☑ 제26회, 제28회, 제33회	감정평가 및 감정평가사에 관한 법률에 따르면 감정평가란 토지 등의 경제적 가치를 판정하여 그 결과를 가액으로 표시하는 것을 말한다(제2조 제2호). 여기서 '토지 등'이란 토지 및 그 정착물, 동산, 그 밖에 대통령령으로 정하는 재산과 이들에 관한 소유권 외의 권리를 말한다.
구분감정평가 (區分鑑定評價) ☑ 제27회	부동산감정평가에서 평가대상물건에 따른 평가분류방법으로서, 1개의 물건이라도 가치를 달리하는 부분은 이를 구분하여 감정평가하는 것을 말한다. 이 경우 감정평가서에 그 내용을 기재하여야 한다.
시장가치 (市場價値) ☑ 제27회, 제33회	감정평가의 대상이 되는 토지 등(이하 "대상물건"이라 한다)이 통상적인 시장에서 충분한 기간 동안 거래를 위하여 공개된 후 그 대상물건의 내용에 정통한 당사자 사이에 신중하고 자발적인 거래가 있을 경우 성립될 가능성이 가장 높다고 인정되는 대상물건의 가액(價額)을 말한다. 따라서 투자자는 투자가치가 시장가치보다 작으면 투자를 하지 않을 것이고, 투자가치가 시장가치보다 크면 투자를 하려고 할 것이다.
부동산가격의 원칙 (不動産價格의 原則) ☑ 제26회, 제28회	부동산가격이 어떻게 형성·유지되는가에 대한 원칙으로 부동산감정평가활동의 지침으로 삼는 것이다. 부동산가격은 그 자연적·인문적 특성을 기초로 하여 부동산의 효용·상대적 희소성·유효수요 등 세 가지의 가격발생요인의 상호관계에 의하여 발생되지만, 이들 요인들이 가격에 영향을 주는 데는 몇 가지의 원칙이 있다. 이들 원칙은 주로 일반경제법칙에 기초를 둔 것 외에 자연법칙적인 것, 사회·경제법칙적인 것을 비롯하여 감정평가 고유의 것 등이 복합적으로 적용된다.

자연법칙적인 것	변동의 원칙, 수익체증·체감의 법칙, 기여의 원칙
사회·경제법칙적인 것	수요·공급의 원칙, 대체의 원칙, 균형의 원칙, 수익배분의 원칙, 경쟁의 원칙, 예측의 원칙
감정평가 고유의 것	최유효이용의 원칙, 적합의 원칙

수익배분의 원칙 (收益配分의 原則)	토지·자본·노동 및 경영 등의 각 요소의 복합적인 결합에 의하여 발생하는 총수익은 생산량의 공헌도에 따라 분배되는데, 노동·자본·경영에 분배되고 남은 잔여분은 토지에 귀속된다는 원칙이다. 수익배분의 원칙은 부동산에 귀속되는 순수익을 기초로 하는 가격 또는 임대료의 평가방법(수익환원법·수익분석법) 및 토지잔여법의 이론적 근거가 된다.

◆참고 수익배분의 원칙(收益配分의 原則)

1. 기대수익률 > 요구수익률 ⇨ 투자증가
2. 기대수익률 = 요구수익률 ⇨ 균형투자
3. 기대수익률 < 요구수익률 ⇨ 투자감소

예측의 원칙 (豫測의 原則) ☑ 제26회	부동산가격이 당해 부동산의 장래의 수익성이나 쾌적성에 대한 예측의 영향을 받아서 결정된다는 법칙을 말한다. 지역분석에서 지역특성의 변화·추이, 비교방식에서 사례가격과 대상가격의 비교검토, 수익방식에서의 순수익, 환원이율의 결정 등과 밀접한 관련을 가진다.
균형의 원칙 (均衡의 原則) ☑ 제26회	부동산가격의 원칙 중 하나로서, 부동산의 유용성(수익성 또는 쾌적성)이 최고도로 발휘되기 위해서는 그 내부구성요소의 조합이 균형을 이루어야 한다는 원칙을 말한다. 여기에서 내부구성요소란 생산요소의 결합비율, 토지이용상태, 건물내적 조화와 균형 등을 말한다. ① 토지의 경우: 접면너비·획지의 깊이·고저 등의 관계 ② 건물의 경우: 건축면적·높이·복도·계단과 엘리베이터 배치 등의 관계 ③ 복합부동산의 경우: 개개의 부동산에 대한 구성요소 외에 건물과 부지의 배치·크기 등의 관계
변동의 원칙 (變動의 原則) ☑ 제26회	부동산의 가격은 부동산가격 형성요인의 상호 인과관계적 결합과 그것의 변동과정에서 형성·변화된다는 원칙이다. 이는 부동산의 개별적 요인의 변화·지역요인의 변화와 함께 부동산가격도 변동한다는 것이다. 따라서 부동산가격 형성의 분석, 지역요인의 분석, 개별적 요인의 분석이 동태적으로 이루어져야 한다는 것을 강조하고 있다.
지역분석 (地域分析) ☑ 제26회, 제27회, 제30회, 제32회, 제34회	지역분석은 어떤 부동산의 가격형성에 전반적인 영향을 미치는 지역요인을 분석하는 것으로 지역 내 토지의 표준적인 이용과 지가수준 및 그 변동추이를 판정하는 것을 말한다.
개별분석 (改別分析) ☑ 제27회, 제30회, 제32회, 제34회	개별분석은 대상부동산의 개별적 요인을 분석하여 대상부동산의 가격을 판정하는 작업이다.

🔒 지역분석과 개별분석

구 분	지역분석	개별분석
분석 순서	선행분석	후행분석
분석 내용	가격형성의 지역요인을 분석	가격형성의 개별적 요인을 분석
분석 범위	대상지역(대상지역에 대한 전체적·광역적·거시적 분석)	대상부동산(대상부동산에 대한 부분적·국지적·구체적·미시적 분석)
분석 방법	전반적 분석	개별적 분석
분석 기준	표준적 이용	최유효이용
가격 관련	가격수준	가격
가격 원칙	적합의 원칙	균형의 원칙

부동산 감정평가방식 (不動産 鑑定評價方式) ☑ 제27회, 제29회, 제35회	부동산 감정평가방식에는 3가지 방식이 있다. 즉, 대상부동산에 투입된 원가에 착안한 원가방식, 대상부동산과 비슷한 다른 부동산이 시장에서 거래된 사례에 착안한 비교방식, 대상부동산이 장래에 발생시킬 수익에 착안한 수익방식이 있다.

원가방식	원가법(복성식 평가법)과 적산법
비교방식	거래사례비교법(매매사례비교법)과 임대사례비교법
수익방식	수익환원법과 수익분석법

부동산감정평가의 절차 (不動産鑑定評價의 節次) ☑ 제27회	부동산감정평가의 업무를 보다 합리적이고 능률적으로 수행하기 위해 설정한 일련의 단계적 절차를 말한다. 다만, 합리적이고 능률적인 감정평가를 위하여 필요할 때에는 순서를 조정할 수 있다. 절차의 내용은 ① 기본적 사항의 확정, ② 처리계획 수립, ③ 대상물건 확인, ④ 자료수집 및 정리, ⑤ 자료검토 및 가치형성요인의 분석, ⑥ 감정평가방법의 선정 및 적용, ⑦ 감정평가액의 결정 및 표시의 순으로 한다.
시산가액 (試算價額) ☑ 제27회, 제30회, 제34회	감정평가법인등은 대상물건별로 정한 감정평가방법(주된 방법)을 적용하여 감정평가해야 한다. 다만, 주된 방법을 적용하는 것이 곤란하거나 부적절한 경우에는 다른 감정평가방법 중 어느 하나의 감정평가방법을 적용하여 산정한 가액을 시산가액이라 한다(「감정평가에 관한 규칙」 제12조 제1항).
시산임대료 (試算賃貸料)	부동산감정평가에 있어서 감정평가 3방식으로 구해진 임대료를 말한다. 원가방식에 의하여 구해진 시산임대료를 적산임대료, 비교방식에 의하여 구해진 시산임대료를 비준임대료, 수익방식에 의하여 구해진 시산임대료를 수익임대료라고 한다.
원가법 (原價法) ☑ 제25회, 제26회, 제28회, 제29회, 제31회, 제32회, 제34회, 제35회	대상물건의 재조달원가에 감가수정(減價修正)을 하여 대상물건의 가액을 산정하는 감정평가방법을 말한다(「감정평가에 관한 규칙」 제2조 제5호).

감가수정 (減價修正)
☑ 제25회, 제28회, 제32회, 제33회

부동산감정평가에 있어서 대상물건에 대한 재조달원가를 감액하여야 할 요인이 있는 경우에 물리적 감가, 기능적 감가 또는 경제적 감가 등을 고려하여 그에 해당하는 금액을 재조달원가에서 공제하여 기준시점에 있어서의 대상물건의 가액을 적정화하는 작업을 말한다. 감가수정방법에는 경제적 내용연수를 기준으로 하는 방법(정액법, 정률법, 상환기금법)과 관찰감가법, 분해법 등이 있다. 회계학상 감가상각과 유사하지만 그 목적·방법·감가요인에서 차이가 있다.

🔒 감가상각과 감가수정의 차이

구분	감가상각	감가수정
목적	비용배분, 자본의 유지·회수, 정확한 원가계산, 진실한 재정상태 파악	가격시점에서의 시산가격의 적정화 (경제적 가치 산정)
방법	• 취득원가(장부가격)를 기초로 함. • 법정 내용연수(물리적 내용연수)를 기초로 하되, 경과연수 중점	• 재조달원가를 기초로 함. • 경제적 내용연수를 기초로 하되, 장래 보존연수 중점
특징	• 관찰감가법이 인정되지 않음. • 토지감가 불인정 • 물리적·기능적 감가요인만 취급	• 관찰감가법이 인정 • 토지감가 인정 • 현존물건만을 대상으로 함. • 물리적·기능적·경제적 감가요인 모두 취급

정액법 (定額法)

부동산의 감가수정방법 중 내용연수를 기준으로 하는 방법의 하나로서, 대상부동산의 감가형태가 매년 일정액씩 감가된다는 가정하에 부동산의 감가총액을 경제적 내용연수로 평균하여 매년의 상각액으로 삼는 방법을 말한다. 이는 감가누계액이 경과연수에 정비례하여 증가하므로 직선법 또는 균등상각법이라고도 한다.

> **참고** 산정방법
>
> • 매년 감가액 = $\dfrac{\text{재조달원가} - \text{잔존가격}}{\text{경제적 내용연수}}$
>
> • 감가누계액 = 매년 감가액 × 경과연수
> • 복성가격 = 재조달원가 − 감가누계액

정률법 (定率法) ☑ 제32회, 제33회	재조달원가에서 감가수정하는 방법 중 하나로서, 대상부동산의 감가형태가 매년 일정률로 감가된다는 가정하에서 매년 말 가격에 일정한 상각률을 곱하여 매년의 상각액을 구하는 방법을 말한다. 즉, 매년 말의 상각잔고에 대하여 정률을 곱하여 상각액을 산출하는 것이므로 상각이 진행됨에 따라 잔고는 감소하고 상각률은 불변인데도 상각액은 점차 감소한다. 따라서 잔고점검법, 체감상각법이라고도 한다. **◆참고** 산정방법 • 매년 감가액 = 전년 말 가격 × 정률(감가율) • 매년 감가율 = 1 − ⁿ√잔존가격÷재조달원가 • 감가누계액 = 재조달원가 × 1 − (1 − 감가율)ᵐ • 복성가격 = 재조달원가 × (전년대비 잔가율)ᵐ 　　　　＝ 재조달원가 × (1 − 매년 감가율)ᵐ ＊n: 내용연수, m: 경과연수
상환기금법 (償還基金法)	부동산감정평가의 원가방식에서 재조달원가로부터 내용연수에 따라 감가수정할 경우의 방법과 수익방식에서 가격을 구하는 방법의 2가지로 쓰인다. 전자는 발생하는 감가액이 물건의 전내용연수기간에 걸쳐 매년 일정액임을 전제로 하여 매년 일정액을 적립하고 이에 복리에 의한 이자가 붙은 것으로 계산한 원리금 합계액을 내용연수 만료시에 총감가액과 일치시키는 방법이고, 후자는 수익환원법에서 대상부동산이 토지와 건물 기타의 상각자산과 결합으로 구성된 경우 상각 전 순수익에 상각 후의 환원이율과 축적이율 및 잔존내용연수를 기초로 수익현가율을 곱하여 수익가격을 구하는 방법(호스콜드방식)이다.

6 정액법·정률법·상환기금법의 비교

구 분	정액법	정률법	상환기금법
정 의	대상부동산의 감가행태가 매년 일정액씩 감가된다는 가정하에 부동산의 감가총액을 단순한 경제적 내용연수로 평분하여 매년의 상각액으로 삼는 방법 ⇨ 직선법, 균등상각법	대상부동산의 감가행태가 매년 일정률로 감가된다는 가정하에 매년 말 가격에 일정한 상각률을 곱하여 매년의 상각액을 구하는 방법 ⇨ 잔고점감법, 체감상각법	대상부동산의 내용연수가 만료되는 때에 감가누계상당액과 그에 대한 복리계산의 이자상당액을 포함하여 당해 내용연수로 상환하는 방법 ⇨ 감채기금법, 기금적립법

거래사례비교법 (去來事例比較法) ☑ 제25회, 제26회, 제28회, 제29회, 제31회, 제33회	부동산감정평가에 있어서 대상물건과 가치형성요인이 같거나 비슷한 물건의 거래사례와 비교하여 대상물건의 현황에 맞게 사정보정(事情補正), 시점수정, 가치형성요인 비교 등의 과정을 거쳐 대상물건의 가액을 산정하는 감정평가방법을 말한다(「감정평가에 관한 규칙」 제2조 제7호). 이 방법에 의하여 산정된 시산가격을 유추가격 또는 비준가격이라고 한다.

수익환원법
(收益還元法)
☑ 제26회, 제28회, 제31회, 제32회, 제34회

수익방식 중 하나로서, 대상물건이 장래 산출할 것으로 기대되는 순수익이나 미래의 현금흐름을 환원하거나 할인하여 대상물건의 가액을 산정하는 감정평가방법을 말한다(「감정평가에 관한 규칙」 제2조 제10호). 이 방식으로 산정된 가격을 수익가격이라 한다. 수익환원법의 중요한 구성요소는 순수익, 환원이율, 수익환원방법 등으로 분류된다.

수익분석법
(收益分析法)
☑ 제27회

수익방식 중 하나로서, 일반기업경영에 의하여 산출된 총수익을 분석하여 대상물건이 일정한 기간에 산출할 것으로 기대되는 순수익에 대상물건을 계속하여 임대하는 데에 필요한 경비를 더하여 대상물건의 임대료를 산정하는 감정평가방법을 말한다(「감정평가에 관한 규칙」 제2조 제11호). 이 방법에 의한 임대료를 수익임대료라 한다. 여기서 일정기간이란 임대기간이므로 1년 또는 1개월 단위로 쓰인다.

부동산가격공시제도
(不動産價格公示制度)
☑ 제25회~제28회, 제32회, 제35회

부동산가격공시제도는 공시지가제도와 주택가격공시제도를 말하며, 이는 부동산가격공시에 관한 법률에 규정되어 있다.

표준지
(標準地)
☑ 제27회, 제30회, 제35회

일정한 지역마다 그 지역의 토지들을 대표할 수 있는 표준적 이용이나 규모가 되는 토지를 말하는 것으로서 지역분석을 통해 세분되어진 인근지역마다 이 지역을 대표하는 토지를 표준지로 한다.

표준지공시지가
(標準地公示地價)
☑ 제25회~제27회, 제29회, 제30회, 제33회, 제34회, 제35회

부동산가격공시 및 감정평가에 관한 법률의 규정에 의한 절차에 따라 국토교통부장관이 조사·평가하여 공시한 표준지의 단위면적당 가격을 말한다.

개별공시지가
(個別公示地價)
☑ 제26회, 제29회~제31회

국토교통부장관이 매년 공시하는 표준지공시지가를 기준으로 관할 시장·군수·구청장이 조사하여 산정한 개별토지의 단위면적(m²)당 가격을 의미한다. 개별공시지가는 양도소득세 및 증여세, 상속세 등의 국세와 재산세, 취득세 등의 지방세를 산정하는 기초자료로 활용된다.

🔒 표준지공시지가와 개별공시지가

구 분	표준지공시지가	개별공시지가
주체	국토교통부장관	시·군·구청장
공시	매년 2월 말 (공시가격기준일은 1월 1일)	매년 5월 31일까지
평가방식	• 거래사례비교법(원칙) • 수익환원법, 원가법	토지가격비준표(比準表)적용 (표준지가격으로부터 추정)
효력	• 토지거래의 지표 • 개별토지가의 산정기준 • 토지시장의 지가정보제공 • 보상금 산정	• 국세 및 지방세의 기준 • 각종 부담금의 부과 • 국·공유재산 사용료, 대부료 산정을 위한 토지가격

Theme 01 감정평가의 기초이론

01 감정평가에 관한 규칙에 규정된 내용으로 틀린 것은? ▶제34회

① 수익분석법이란 대상물건의 기초가액에 기대이율을 곱하여 산정된 기대수익에 대상물건을 계속하여 임대하는 데에 필요한 경비를 더하여 대상물건의 임대료를 산정하는 감정평가방법을 말한다.
② 가치형성요인이란 대상물건의 경제적 가치에 영향을 미치는 일반요인, 지역요인 및 개별요인 등을 말한다.
③ 감정평가법인등은 법령에 다른 규정이 있는 경우에는 기준시점의 가치형성요인 등을 실제와 다르게 가정하거나 특수한 경우로 한정하는 조건을 붙여 감정평가할 수 있다.
④ 일체로 이용되고 있는 대상물건의 일부분에 대하여 감정평가하여야 할 특수한 목적이나 합리적인 이유가 있는 경우에는 그 부분에 대하여 감정평가할 수 있다.
⑤ 감정평가법인등은 법령에 다른 규정이 있는 경우에는 대상물건의 감정평가액을 시장가치 외의 가치를 기준으로 결정할 수 있다.

해설 ① 적산법에 대한 설명이다.

Answers 01. ①

02 감정평가에 관한 규칙상 시장가치기준에 관한 설명으로 틀린 것은? ▶제33회

① 대상물건에 대한 감정평가액은 원칙적으로 시장가치를 기준으로 결정한다.
② 감정평가법인등은 법령에 다른 규정이 있는 경우에는 대상물건의 감정평가액을 시장가치 외의 가치를 기준으로 결정할 수 있다.
③ 감정평가법인등은 대상물건의 특성에 비추어 사회통념상 필요하다고 인정되는 경우에는 대상물건의 감정평가액을 시장가치 외의 가치를 기준으로 결정할 수 있다.
④ 감정평가법인등은 감정평가 의뢰인이 요청하여 시장가치 외의 가치를 기준으로 감정평가할 때에는 해당 시장가치 외의 가치의 성격과 특징을 검토하지 않는다.
⑤ 감정평가법인등은 시장가치 외의 가치를 기준으로 하는 감정평가의 합리성 및 적법성이 결여(缺如)되었다고 판단할 때에는 의뢰를 거부하거나 수임(受任)을 철회할 수 있다.

> **해설** ④ 감정평가법인등은 감정평가 의뢰인이 요청하여 시장가치 외의 가치를 기준으로 감정평가할 때에는 해당 시장가치 외의 가치의 성격과 특징, 시장가치 외의 가치를 기준으로 하는 감정평가의 합리성 및 적법성을 검토해야 한다(「감정평가에 관한 규칙」 제5조 제3항).

03 감정평가에 관한 규칙에 규정된 내용으로 틀린 것은? ▶제30회

① 감정평가업자는 법령에 다른 규정이 있는 경우에는 대상물건의 감정평가액을 시장가치 외의 가치를 기준으로 결정할 수 있다.
② 감정평가업자는 법령에 다른 규정이 있는 경우에는 기준시점의 가치형성요인 등을 실제와 다르게 가정하거나 특수한 경우로 한정하는 조건(감정평가조건)을 붙여 감정평가할 수 있다.
③ 둘 이상의 대상물건이 일체로 거래되거나 대상물건 상호 간에 용도상 불가분의 관계가 있는 경우에는 일괄하여 감정평가할 수 있다.
④ 하나의 대상물건이라도 가치를 달리하는 부분은 이를 구분하여 감정평가할 수 있다.
⑤ 기준시점은 대상물건의 가격조사를 개시한 날짜로 한다. 다만, 기준시점을 미리 정하였을 때에는 그 날짜에 가격조사가 가능한 경우에만 기준시점으로 할 수 있다.

> **해설** ⑤ 기준시점은 대상물건의 가격조사를 완료한 날짜로 한다. 다만, 기준시점을 미리 정하였을 때에는 그 날짜에 가격조사가 가능한 경우에만 기준시점으로 할 수 있다.

Answers 02. ④ 03. ⑤

| Theme 02 | 부동산가격이론

04 부동산가치에 관한 설명으로 틀린 것은? ▶제23회

① 사용가치는 대상부동산이 시장에서 매도되었을 때 형성될 수 있는 교환가치와 유사한 개념이다.
② 투자가치는 투자자가 대상부동산에 대해 갖는 주관적인 가치의 개념이다.
③ 보험가치는 보험금 산정과 보상에 대한 기준으로 사용되는 가치의 개념이다.
④ 과세가치는 정부에서 소득세나 재산세를 부과하는 데 사용되는 기준이 된다.
⑤ 공익가치는 어떤 부동산의 보존이나 보전과 같은 공공목적의 비경제적 이용에 따른 가치를 의미한다.

해설 ① 사용가치(use value)는 인간의 필요나 욕망을 충족시키는 재화의 유용성(有用性) 또는 효용을 의미하며, 교환가치(exchange value)는 상이한 가치를 지니는 상품들 간의 교환비율을 말한다.

05 부동산의 가치발생요인에 관한 설명으로 틀린 것은? ▶제24회

① 대상부동산의 물리적 특성뿐 아니라 토지이용규제 등과 같은 공법상의 제한 및 소유권의 법적 특성도 대상부동산의 효용에 영향을 미친다.
② 유효수요란 대상부동산을 구매하고자 하는 욕구로, 지불능력(구매력)을 필요로 하는 것은 아니다.
③ 상대적 희소성이란 부동산에 대한 수요에 비해 공급이 부족하다는 것이다.
④ 효용은 부동산의 용도에 따라 주거지는 쾌적성, 상업지는 수익성, 공업지는 생산성으로 표현할 수 있다.
⑤ 부동산의 가치는 가치발생요인들의 상호결합에 의해 발생한다.

해설 ② 유효수요란 구매의사와 지불능력(구매력)을 갖춘 수요를 의미한다.

Answers　04. ①　05. ②

06 부동산 감정평가에서 가격의 제 원칙에 관한 설명으로 틀린 것은? ▶제23회

① 부동산가격의 원칙은 부동산의 가격이 어떻게 형성되고 유지되는지 그 법칙성을 찾아내어 평가활동의 지침으로 삼으려는 행동기준이다.
② 대체의 원칙은 대체성 있는 2개 이상의 재화가 존재할 때 그 재화의 가격은 서로 관련되어 이루어진다는 원칙으로, 유용성이 동일할 때는 가장 가격이 싼 것을 선택하게 된다.
③ 균형의 원칙은 내부적 관계의 원칙인 적합의 원칙과는 대조적인 의미로, 부동산 구성요소의 결합에 따른 최유효이용을 강조하는 것이다.
④ 기여의 원칙은 부동산의 각 구성요소가 각각 기여하여 부동산 전체의 가격이 형성된다는 원칙이다.
⑤ 변동의 원칙은 재화의 가격이 그 가치형성요인의 변화에 따라 달라지는 것으로, 부동산의 가격도 사회적·경제적·행정적 요인이나 부동산 자체가 가지는 개별적 요인에 따라 지속적으로 변동한다는 것을 강조하는 것이다.

> **해설** ③ 내부적 관계의 원칙인 적합의 원칙 ⇨ 외부적 관계의 원칙인 적합의 원칙

07 다음 부동산현상 및 부동산활동을 설명하는 감정평가이론상 부동산가격 원칙을 순서대로 나열한 것은? ▶제28회

> • 복도의 천정 높이를 과대개량한 전원주택이 냉·난방비 문제로 시장에서 선호도가 떨어진다.
> • 판매시설 입점부지 선택을 위해 후보지역분석을 통해 표준적 사용을 확인한다.

① 균형의 원칙, 적합의 원칙
② 예측의 원칙, 수익배분의 원칙
③ 적합의 원칙, 예측의 원칙
④ 수익배분의 원칙, 균형의 원칙
⑤ 적합의 원칙, 변동의 원칙

> **해설** • 균형의 원칙은 구성요소 간의 균형이 이루어져야 최대가치를 구현할 수 있다는 원칙으로 사례의 경우 초과설비로 인한 감가상각의 요인이 된다.
> • 적합의 원칙은 주변의 토지이용과 어울릴 수 있을 때 높은 가치를 창출한다는 원리이다.

Answers 06. ③ 07. ①

Theme 03 지역분석 및 개별분석

08 감정평가 과정상 지역분석 및 개별분석에 관한 설명으로 옳은 것은? ▶제34회

① 동일수급권(同一需給圈)이란 대상부동산과 대체·경쟁 관계가 성립하고 가치 형성에 서로 영향을 미치는 관계에 있는 다른 부동산이 존재하는 권역(圈域)을 말하며, 인근지역과 유사지역을 포함한다.
② 지역분석이란 대상부동산이 속해 있는 지역의 지역요인을 분석하여 대상부동산의 최유효이용을 판정하는 것을 말한다.
③ 인근지역이란 대상부동산이 속한 지역으로서 부동산의 이용이 동질적이고 가치형성요인 중 개별요인을 공유하는 지역을 말한다.
④ 개별분석이란 대상부동산의 개별적 요인을 분석하여 해당 지역 내 부동산의 표준적 이용과 가격수준을 판정하는 것을 말한다.
⑤ 지역분석보다 개별분석을 먼저 실시하는 것이 일반적이다.

> **해설** ② 대상부동산의 최유효이용을 판정하기 위해 개별분석이 필요하다.
> ③ 인근지역이란 대상부동산이 속한 지역으로서 부동산의 이용이 동질적이고 가치형성요인 중 지역요인을 공유하는 지역을 말한다.
> ④ 해당 지역 내 부동산의 표준적 이용과 가격수준 파악을 위해 지역분석이 필요하다.
> ⑤ 개별분석보다 지역분석을 먼저 실시하는 것이 일반적이다.

Answers 08. ①

09 다음은 감정평가 과정상 지역분석 및 개별분석과 관련된 내용이다. (   )에 들어갈 용어는? ▶제32회

> 지역분석은 해당 지역의 (㉠) 및 그 지역 내 부동산의 가격수준을 판정하는 것이며, 개별분석은 대상부동산의 (㉡)을 판정하는 것이다. 지역분석의 분석 대상지역 중 (㉢)은 대상부동산이 속한 지역으로서 부동산의 이용이 동질적이고 가치형성 요인 중 지역요인을 공유하는 지역이다.

① ㉠: 표준적 이용,   ㉡: 최유효이용,   ㉢: 유사지역
② ㉠: 표준적 이용,   ㉡: 최유효이용,   ㉢: 인근지역
③ ㉠: 최유효이용,   ㉡: 표준적 이용,   ㉢: 유사지역
④ ㉠: 최유효이용,   ㉡: 표준적 이용,   ㉢: 인근지역
⑤ ㉠: 최유효이용,   ㉡: 최유효이용,   ㉢: 유사지역

> **해설** ㉠, ㉢ 지역분석은 가격형성의 지역요인을 분석하는 것으로 해당지역의 표준적 이용을 전반적으로 판정한다. 지역분석의 분석 대상지역은 인근지역, 유사지역, 동일수급권의 3가지가 있다. 그중 인근지역은 대상부동산이 속한 지역으로 대상 부동산의 가치에 직접 영향을 미치는 지역이다.
> ㉡ 개별분석은 가격형성의 개별적 요인을 분석하는 것으로 대상부동산의 최유효이용방안을 제시한다.

10 감정평가 과정상 지역분석과 개별분석에 관한 설명으로 틀린 것은? ▶제30회

① 해당 지역 내 부동산의 표준적 이용과 가격수준 파악을 위해 지역분석이 필요하다.
② 지역분석은 대상부동산에 대한 미시적·국지적 분석인데 비하여, 개별분석은 대상지역에 대한 거시적·광역적 분석이다.
③ 인근지역이란 대상부동산이 속한 지역으로서 부동산의 이용이 동질적이고 가치형성요인 중 지역요인을 공유하는 지역을 말한다.
④ 동일수급권이란 대상부동산과 대체·경쟁 관계가 성립하고 가치 형성에 서로 영향을 미치는 관계에 있는 다른 부동산이 존재하는 권역을 말하며, 인근지역과 유사지역을 포함한다.
⑤ 대상부동산의 최유효이용을 판정하기 위해 개별분석이 필요하다.

> **해설** ② 지역분석과 개별분석을 반대로 설명하고 있다. 지역분석은 대상부동산에 대한 거시적·광역적 분석이며, 개별분석은 대상지역에 대한 미시적·국지적 분석이다.

Answers 09. ②   10. ②

Theme 04 감정평가의 3방식

11 감정평가 3방식 및 시산가액 조정에 관한 설명으로 틀린 것은? ▶제30회

① 감정평가 3방식은 수익성, 비용성, 시장성에 기초하고 있다.
② 시산가액은 감정평가 3방식에 의하여 도출된 각각의 가액이다.
③ 시산가액 조정은 각 시산가액을 상호 관련시켜 재검토함으로써 시산가액 상호 간의 격차를 합리적으로 조정하는 작업이다.
④ 시산가액 조정은 각 시산가액을 산술평균하는 방법만 인정된다.
⑤ 감정평가에 관한 규칙에서는 시산가액 조정에 대하여 규정하고 있다.

> **해설** ④ 시산가액의 조정은 3방식에 의해 구해진 시산가액을 단순히 산술평균하는 것이 아니라, 대상 물건의 특성, 용도, 성격이나 평가목적, 평가조건 등을 검토하여 그 중요도에 따라 가중치를 설정하고 이를 근거로 가중평균하여 시산가액을 조정한다.

12 감가수정에 관한 설명으로 옳은 것을 모두 고른 것은? ▶제33회

> ㉠ 감가수정과 관련된 내용연수는 경제적 내용연수가 아닌 물리적 내용연수를 의미한다.
> ㉡ 대상물건에 대한 재조달원가를 감액할 요인이 있는 경우에는 물리적 감가, 기능적 감가, 경제적 감가 등을 고려한다.
> ㉢ 감가수정방법에는 내용연수법, 관찰감가법, 분해법 등이 있다.
> ㉣ 내용연수법으로는 정액법, 정률법, 상환기금법이 있다.
> ㉤ 정률법은 매년 일정한 감가율을 곱하여 감가액을 구하는 방법으로 매년 감가액이 일정하다.

① ㉠, ㉡   ② ㉡, ㉢   ③ ㉢, ㉣
④ ㉡, ㉢, ㉣   ⑤ ㉢, ㉣, ㉤

> **해설** ㉠ 감가수정과 관련된 내용연수는 경제적 내용연수다.
> ㉤ 정률법은 매년 감가율이 일정하므로 감가액은 체감한다.

Answers 11. ④ 12. ④

13 원가법에서의 재조달원가에 관한 설명으로 틀린 것은? ▶제35회

① 재조달원가란 대상물건을 기준시점에 재생산하거나 재취득하는 데 필요한 적정원가의 총액을 말한다.
② 총량조사법, 구성단위법, 비용지수법은 재조달원가의 산정방법에 해당한다.
③ 재조달원가는 대상물건을 일반적인 방법으로 생산하거나 취득하는 데 드는 비용으로 하되, 제세공과금은 제외한다.
④ 재조달원가를 구성하는 표준적 건설비에는 수급인의 적정이윤이 포함된다.
⑤ 재조달원가를 구할 때 직접법과 간접법을 병용할 수 있다.

해설 ③ 재조달 원가는 제세공과금 등과 같은 일반적인 부대비용을 포함한다.

14 원가법에서 사용하는 감가수정방법에 관한 설명으로 틀린 것은? ▶제32회

① 정률법에서는 매년 감가율이 감소함에 따라 감가액이 감소한다.
② 정액법에서는 감가누계액이 경과연수에 정비례하여 증가한다.
③ 정액법을 직선법 또는 균등상각법이라고도 한다.
④ 상환기금법은 건물 등의 내용연수가 만료될 때 감가누계상당액과 그에 대한 복리계산의 이자상당액분을 포함하여 당해 내용연수로 상환하는 방법이다.
⑤ 정액법, 정률법, 상환기금법은 모두 내용연수에 의한 감가수정방법이다.

해설 ① 정률법에서는 감가율은 일정하고 감가액이 감소한다.

Answers 13. ③   14. ①

15 감정평가에 관한 규칙상 대상물건별로 정한 감정평가방법(주된 감정평가방법)에 관한 설명으로 옳은 것을 모두 고른 것은? ▶제35회

> ㉠ 건물의 주된 감정평가방법은 원가법이다.
> ㉡ 「집합건물의 소유 및 관리에 관한 법률」에 따른 구분소유권의 대상이 되는 건물부분과 그 대지사용권을 일괄하여 감정평가하는 경우의 주된 감정평가방법은 거래사례비교법이다.
> ㉢ 자동차와 선박의 주된 감정평가방법은 거래사례비교법이다. 다만, 본래 용도의 효용가치가 없는 물건은 해체처분가액으로 감정평가할 수 있다.
> ㉣ 영업권과 특허권의 주된 감정평가방법은 수익분석법이다.

① ㉠, ㉡　　② ㉡, ㉣　　③ ㉠, ㉡, ㉢
④ ㉠, ㉡, ㉣　　⑤ ㉠, ㉢, ㉣

> 해설　㉢ 자동차의 주된 감정평가법은 거래사례비교법이지만 선박의 경우에는 원가법이 주로 쓰인다.
> 　　　㉣ 영업권과 특허권의 주된 감정평가방법은 수익환원법이다.

16 감정평가의 대상이 되는 부동산(이하 대상부동산이라 함)과 거래사례부동산의 개별요인 항목별 비교내용이 다음과 같은 경우 상승식으로 산정한 개별요인비교치는? (단, 주어진 조건에 한하며, 결과값은 소수점 넷째 자리에서 반올림함) ▶제29회

> • 가로의 폭·구조 등의 상태에서 대상부동산이 5% 우세함.
> • 고객의 유동성과의 적합성에서 대상부동산이 3% 열세함.
> • 형상 및 고저는 동일함.
> • 행정상의 규제정도에서 대상부동산이 4% 우세함.

① 1.015　　② 1.029　　③ 1.035
④ 1.059　　⑤ 1.060

> • 가로의 폭·구조 등의 상태에서 대상부동산이 5% 우세함 ⇨ 105/100 = 1.05
> 　　　　• 고객의 유동성과의 적합성에서 대상부동산이 3% 열세함 ⇨ 97/100 = 0.97
> 　　　　• 행정상의 규제정도에서 대상부동산이 4% 우세함 ⇨ 104/100 = 1.04
> 　　　　∴ 1.05×0.97×1.04 = 1.059

Answers　15. ①　16. ④

17 다음 ( ) 안에 들어갈 숫자를 순서대로 나열한 것은? (단, 주어진 조건에 한함) ▶제28회

> • 원가법 적용 시, 경제적 내용연수 30년, 최종잔가율 10%, 정액법으로 감가수정할 경우, 재조달원가 대비 매년 감가액의 비율은 ( )%다.
> • 거래사례비교법 적용 시, 거래사례가 인근 정상거래가격 대비 20% 저가(低價)에 매도된 것을 확인하고 사정보정치에 ( )를(을) 적용했다.

① 3, 0.80　　② 3, 1.25　　③ 3.33, 0.80
④ 3.33, 1.20　　⑤ 3.33, 1.25

해설 • 정액법의 매년 감가액
= $\dfrac{재조달원가 - 잔존가격}{경제적 내용 연수}$ = $\dfrac{100-10}{30}$ = 3%

• 거래사례비교법 적용 시 사정보정치
= $\dfrac{100(대상부동산)}{100(사례부동산)-20}$ = 1.25

18 감정평가에 관한 규칙에 규정된 내용으로 틀린 것은? ▶제35회

① 기준시점은 대상물건의 가격조사를 완료한 날짜로 한다. 다만, 기준시점을 미리 정하였을 때에는 그 날짜로 하여야 한다.
② 감정평가법인등은 법령에 다른 규정이 있는 경우에는 기준시점의 가치형성요인 등을 실제와 다르게 가정하거나 특수한 경우로 한정하는 조건을 붙여 감정평가할 수 있다.
③ 둘 이상의 대상물건이 일체로 거래되거나 대상물건 상호간에 용도상 불가분의 관계가 있는 경우에는 일괄하여 감정평가할 수 있다.
④ 하나의 대상물건이라도 가치를 달리하는 부분은 이를 구분하여 감정평가할 수 있다.
⑤ 일체로 이용되고 있는 대상물건의 일부분에 대하여 감정평가하여야 할 특수한 목적이나 합리적인 이유가 있는 경우에는 그 부분에 대하여 감정평가할 수 있다.

해설 ① 다만, 기준시점을 미리 정하였을 때에는 그 날짜에 가격조사가 가능한 경우에만 기준시점으로 할 수 있다.

Answers　17. ②　18. ①

19 감정평가에 관한 규칙에 규정된 내용으로 틀린 것은? ▶제33회

① 기준시점이란 대상물건의 감정평가액을 결정하는 기준이 되는 날짜를 말한다.
② 하나의 대상물건이라도 가치를 달리하는 부분은 이를 구분하여 감정평가할 수 있다.
③ 거래사례비교법은 감정평가방식 중 비교방식에 해당되나, 공시지가기준법은 비교방식에 해당되지 않는다.
④ 감정평가법인등은 대상물건별로 정한 감정평가방법(이하 "주된 방법"이라 함)을 적용하여 감정평가하되, 주된 방법을 적용하는 것이 곤란하거나 부적절한 경우에는 다른 감정평가방법을 적용할 수 있다.
⑤ 감정평가법인등은 시장가치 외의 가치를 기준으로 하는 감정평가의 합리성 및 적법성이 결여(缺如)되었다고 판단할 때에는 의뢰를 거부하거나 수임(受任)을 철회할 수 있다.

해설 ③ 감정평가방식 중 비교방식에는 거래사례비교법, 임대사례비교법, 공시지가기준법이 있다.

20 감정평가에 관한 규칙상 용어의 정의로 틀린 것은? ▶제32회

① 기준가치란 감정평가의 기준이 되는 가치를 말한다.
② 가치형성요인이란 대상물건의 경제적 가치에 영향을 미치는 일반요인, 지역요인 및 개별요인 등을 말한다.
③ 원가법이란 대상물건의 재조달원가에 감가수정을 하여 대상물건의 가액을 산정하는 감정평가방법을 말한다.
④ 거래사례비교법이란 대상물건과 가치형성요인이 같거나 비슷한 물건의 거래사례와 비교하여 대상물건의 현황에 맞게 사정보정, 시점수정, 가치형성요인 비교 등의 과정을 거쳐 대상물건의 가액을 산정하는 감정평가방법을 말한다.
⑤ 수익분석법이란 대상물건이 장래 산출할 것으로 기대되는 순수익이나 미래의 현금흐름을 환원하거나 할인하여 대상물건의 가액을 산정하는 감정평가방법을 말한다.

해설 ⑤ 수익환원법에 대한 설명이다.

Answers 19. ③   20. ⑤

21 감정평가에 관한 규칙상 용어의 정의로 틀린 것은? ▶제31회

① 인근지역이란 감정평가의 대상이 된 부동산이 속한 지역으로서 부동산의 이용이 동질적이고 가치형성요인 중 지역요인을 공유하는 지역을 말한다.
② 동일수급권(同一需給圈)이란 대상부동산과 대체·경쟁 관계가 성립하고 가치형성에 서로 영향을 미치는 관계에 있는 다른 부동산이 존재하는 권역(圈域)을 말하며, 인근지역과 유사지역을 포함한다.
③ 원가법이란 대상물건의 재조달원가에 감가수정(減價修正)을 하여 대상물건의 가액을 산정하는 감정평가방법을 말한다.
④ 유사지역이란 대상부동산이 속하지 아니하는 지역으로서 인근지역과 유사한 특성을 갖는 지역을 말한다.
⑤ 가치형성요인이란 대상물건의 시장가치에 영향을 미치는 일반요인, 지역요인 및 개별요인 등을 말한다.

해설 ⑤ 시장가치가 아니라 경제적 가치이다(「감정평가에 관한 규칙」 제2조).

22 감정평가에 관한 규칙상 대상물건별로 정한 감정평가방법(주된 방법)이 수익환원법인 대상물건은 모두 몇 개인가? ▶제34회

- 상표권
- 저작권
- 과수원
- 광업재단
- 임대료
- 특허권
- 기업가치
- 실용신안권

① 2개   ② 3개   ③ 4개   ④ 5개   ⑤ 6개

해설 임대료는 임대사례비교법, 과수원은 거래사례비교법으로 한다.

Answers 21. ⑤ 22. ⑤

23 감정평가에 관한 규칙상 대상물건과 주된 감정평가방법의 연결이 틀린 것은? ▶제31회

① 과수원 – 공시지가기준법
② 광업재단 – 수익환원법
③ 임대료 – 임대사례비교법
④ 자동차 – 거래사례비교법
⑤ 건물 – 원가법

 ① 과수원은 거래사례비교법으로 한다.

24 다음 자료를 활용하여 산정한 대상부동산의 수익가액은? (단, 연간 기준이며, 주어진 조건에 한함) ▶제33회

- 가능총소득(PGI): 44,000,000원
- 공실손실상당액 및 대손충당금: 가능총소득의 10%
- 운영경비(OE): 가능총소득의 2.5%
- 대상부동산의 가치구성비율: 토지(60%), 건물(40%)
- 토지환원율: 5%, 건물환원율: 10%
- 환원방법: 직접환원법
- 환원율 산정방법: 물리적 투자결합법

① 396,000,000원   ② 440,000,000원   ③ 550,000,000원
④ 770,000,000원   ⑤ 792,000,000원

해설
- 유효총소득 = 가능총소득 – 공실손실상당액 및 대손충당금 = 4,400만원×90% = 3,960만원
- 운영경비 = 가능총소득×2.5% = 4,400만원×2.5% = 110만원
- 순영업소득 = 유효총소득 – 운영경비 = 3,850만원
- 환원율 = 60%×5%+40%×10% = 7%
- 수익가액= 순영업소득÷환원율 = 3,850만원÷0.07 = 5억 5천만원

Answers 23. ① 24. ③

25 다음 자료를 활용하여 거래사례비교법으로 산정한 토지의 비준가액은? (단, 주어진 조건에 한함)

▶제33회

- 대상토지: A시 B구 C동 350번지, 150m²(면적), 대(지목), 주상용(이용상황), 제2종일반주거지역(용도지역)
- 기준시점: 2022. 10. 29.
- 거래사례
  - 소재지: A시 B구 C동 340번지
  - 200m²(면적), 대(지목), 주상용(이용상황)
  - 제2종일반주거지역(용도지역)
  - 거래가격: 800,000,000원
  - 거래시점: 2022. 06. 01.
- 사정보정치: 0.9
- 지가변동률(A시 B구, 2022. 06. 01. ~ 2022. 10. 29.): 주거지역 5% 상승, 상업지역 4% 상승
- 지역요인: 거래사례와 동일
- 개별요인: 거래사례에 비해 5% 열세
- 상승식으로 계산

① 533,520,000원 ② 538,650,000원 ③ 592,800,000원
④ 595,350,000원 ⑤ 598,500,000원

 • 비준가격 = 사례가격×(사정보정치×시점수정치×지역요인비교치×개별요인비교치×면적)
- 사정보정치: 0.9
- 시점수정치: 용도지역이 주거지역이므로 5% 상승한 지가변동률 반영해 1.05이다.
- 지역요인비교치: 1
- 개별요인비교치: 5% 열세이므로 0.95이다.
- 면적: $\dfrac{\text{대상토지면적}}{\text{거래사례면적}} = \dfrac{150}{200}$

∴ 8억×0.9×1.05×1×0.95×$\dfrac{150}{200}$ = 5억 3,865만원

Answers 25. ②

26 다음 자료에서 수익방식에 의한 대상부동산의 시산가액 산정시 적용된 환원율은? (단, 연간 기준이며, 주어진 조건에 한함) ▶제35회

- 가능총수익(PGI): 50,000,000원
- 공실손실상당액 및 대손충당금: 가능총수익(PGI)의 10%
- 운영경비(OE): 가능총수익(PGI)의 20%
- 환원방법: 직접환원법
- 수익방식에 의한 대상부동산의 시산가액: 500,000,000원

① 7.0% ② 7.2% ③ 8.0%
④ 8.1% ⑤ 9.0%

해설
- 공실손실상당액 및 대손충당금은 5천만원의 10% = 5백만원
- 운영경비는 5천만원의 20% = 1천만원

- 유효총소득 = 총수익 − 공실손실상당액 및 대손충당금 = 5천만원 − 5백만원 = 4천 5백만원
- 순영업소득 = 유효총소득 − 영업경비 = 4천 5백만원 − 1천만원 = 3천 5백만원

- 환원이율 = 순영업소득/부동산가치 = 3천 5백만원/5억원 = 0.07 = 7%

Answers 26. ①

27
다음 자료를 활용하여 공시지가기준법으로 산정한 대상토지의 단위면적당 시산가액은? (단, 주어진 조건에 한함) ▶제34회

- 대상토지 현황: A시 B구 C동 120번지, 일반상업지역, 상업용
- 기준시점: 2023.10.28.
- 표준지공시지가(A시 B구 C동, 2023.01.01.기준)

기호	소재지	용도지역	이용상황	공시지가(원/m2)
1	C동 110	준주거지역	상업용	6,000,000
2	C동 130	일반상업지역	상업용	8,000,000

- 지가변동률(A시 B구, 2023.01.01.~2023.10.28.)
  - 주거지역: 3% 상승
  - 상업지역: 5% 상승
- 지역요인: 표준지와 대상토지는 인근지역에 위치하여 지역요인 동일함.
- 개별요인: 대상토지는 표준지 기호 1에 비해 개별요인 10% 우세하고, 표준지 기호 2에 비해 개별요인 3% 열세함.
- 그 밖의 요인 보정: 대상토지 인근지역의 가치형성요인이 유사한 정상적인 거래시례 및 평가사례 등을 고려하여 그 밖의 요인으로 50% 증액 보정함.
- 상승식으로 계산할 것

① 6,798,000원/m^2　　② 8,148,000원/m^2　　③ 10,197,000원/m^2
④ 12,222,000원/m^2　　⑤ 13,860,000원/m^2

해설
- 대상토지가 일반상업지역, 상업용이므로 계산에서 사용할 표준지는 기호 2
- 대상가액 = 표준지×대상/표준지
- 상업지역 5% 상승 = 105/100 = 1.05
- 개별요인이 표준지 기호2에 비해 3% 열세 = 97/100 = 0.97
- 50% 증액 보정 = 1.5
- 8,000,000원×1.05×0.97×1.5 = 12,222,000원

Answers 27. ④

28
다음 자료를 활용하여 원가법으로 산정한 대상건물의 시산가액은? (단, 주어진 조건에 한함)
▶제34회

- 대상건물 현황: 철근콘크리트조, 단독주택, 연면적 250㎡
- 기준시점: 2023.10.28.
- 사용승인일: 2015.10.28.
- 사용승인일의 신축공사비: 1,200,000원/㎡(신축 공사비는 적정함)
- 건축비지수(건설공사비지수)
  - 2015.10.28.: 100
  - 2023.10.28.: 150
- 경제적 내용연수: 50년
- 감가수정방법: 정액법
- 내용연수 만료 시 잔존가치 없음.

① 246,000,000원   ② 252,000,000원   ③ 258,000,000원
④ 369,000,000원   ⑤ 378,000,000원

해설
- 가액 = 재조달원가 − 감가총액
- 준공시점 공사비 = 250×1,200,000 = 300,000,000원
- 건축비지수는 8년 경과 후 100 → 150
- 재조달원가 = 300,000,000×150/100 = 300,000,000×1.5 = 450,000,000원
- 감가총액 = 매년감가액×경과년수
- 매년감가액 = 450,000,000/50(년) = 9,000,000원
- 감가총액 = 매년감가액×8년 = 72,000,000원
- 적산가액 = 450,000,000 − 72,000,000 = 378,000,000원

Answers   28. ⑤

29 다음 자료를 활용하여 공시지가기준법으로 산정한 대상토지의 가액(원/m²)은? (단, 주어진 조건에 한함) ▶제32회

- 대상토지: A시 B구 C동 320번지, 일반상업지역
- 기준시점: 2021. 10. 30.
- 비교표준지: A시 B구 C동 300번지, 일반상업지역, 2021.01.01. 기준 공시지가 10,000,000원/m²
- 지가변동률(A시 B구, 2021. 01. 01. ~ 2021. 10. 30.): 상업지역 5% 상승
- 지역요인: 대상토지와 비교표준지의 지역요인은 동일함.
- 개별요인: 대상토지는 비교표준지에 비해 가로 조건 10% 우세, 환경조건 20% 열세하고, 다른 조건은 동일함(상승식으로 계산할 것).
- 그 밖의 요인 보정치: 1.50

① 9,240,000　　② 11,340,000　　③ 13,860,000
④ 17,010,000　　⑤ 20,790,000

해설　토지가격 = 표준지 공시지가×시점수정치×지역요인 비교치×개별요인 비교치×기타 보정치
= 10,000,000원×1.05×1.1×0.8×1.5 = 13,860,000원

Answers　29. ③

30 다음 자료를 활용하여 거래사례비교법으로 산정한 대상토지의 감정평가액은? (단, 주어진 조건에 한함) ▶제29회

- 대상토지: A시 B동 150번지, 토지 120㎡ 제3종일반주거지역
- 기준시점: 2018. 9. 1.
- 거래사례의 내역
  - 소재지 및 면적: A시 B동 123번지, 토지 100㎡
  - 용도지역: 제3종일반주거지역
  - 거래사례가격: 3억원
  - 거래시점: 2018. 3. 1.
  - 거래사례의 사정보정 요인은 없음.
- 지가변동률(2018. 3. 1.~9. 1.): A시 주거지역 4% 상승함.
- 지역요인: 대상토지는 거래사례의 인근지역에 위치함.
- 개별요인: 대상토지는 거래사례에 비해 5% 열세함.
- 상승식으로 계산할 것

① 285,680,000원 ② 296,400,000원 ③ 327,600,000원
④ 355,680,000원 ⑤ 360,400,000원

- 시점수정치 = 1+0.04 = 1.04(지가변동률이 4% 상승)
- 개별요인비교치 = 대상/사례 = 95/100 = 0.95
- 면적비교치 = 대상/사례 = 120/100 = 1.2
- 사정 보정치, 지역요인비교치 = 100/100 = 1(다른 조건은 사례부동산과 동일)
∴ 토지평가액 = 3억×1.04×0.95×1.2 = 355,680,000원

Answers 30. ④

31 원가법으로 산정한 대상물건의 적산가액은? (단, 주어진 조건에 한함) ▶제31회

- 사용승인일의 신축공사비: 6천만원(신축공사비는 적정함)
- 사용승인일: 2018. 9. 1.
- 기준시점: 2020. 9. 1.
- 건축비지수
  - 2018. 9. 1. = 100
  - 2020. 9. 1. = 110
- 경제적 내용연수: 40년
- 감가수정방법: 정액법
- 내용연수 만료시 잔가율: 10%

① 57,300,000원 ② 59,300,000원 ③ 62,700,000원
④ 63,030,000원 ⑤ 72,600,000원

- 적산가액 = 재조달원가 − 감가누계액
- 재조달원가 = 6천만원×110/100 = 6,600만 원
- 감가누계액 = (6,000만원×1.1−10%)/40년×2(경과년수) = 297만원
- ∴ 6,000만원 − 297만원 = 63,030,000원

32 다음 자료를 활용하여 직접환원법으로 산정한 대상 부동산의 수익가액은? (단, 연간 기준이며, 주어진 조건에 한함) ▶제32회

- 가능총소득(PGI): 70,000,000원
- 공실상당액 및 대손충당금: 가능총소득의 5%
- 영업경비(OE): 유효총소득(EGI)의 40%
- 환원율: 10%

① 245,000,000원 ② 266,000,000원 ③ 385,000,000원
④ 399,000,000원 ⑤ 420,000,000원

- 수익가액 = 순영업소득/환원율
- 유효조소득 = 7,000만 원×0.95% = 6,650만원
- 순영업소득 = 6,650만원×0.6% = 3,990만원
- ∴ 수익가액 = 3,990만원/0.1 = 39,900만원

Answers 31. ④ 32. ④

33 다음 자료를 활용하여 직접환원법으로 평가한 대상부동산의 수익가액은? (단, 주어진 조건에 한하며, 연간 기준임) ▶제30회

- 가능총소득: 8,000만원
- 공실손실상당액 및 대손충당금: 가능총소득의 10%
- 수선유지비: 400만원
- 재산세: 200만원
- 부채서비스액: 500만원
- 화재보험료: 100만원
- 영업소득세: 300만원
- 환원율: 10%

① 5억 7천만원 ② 6억원 ③ 6억 5천만원
④ 6억 7천만원 ⑤ 6억 8천만원

해설
- 가능총소득(8,000만원) − 공실손실상당액 및 대손충당금(800만원)
  = 유효조소득(7,200만원) − 영업경비[수선유지비(400만원) + 화재보험료(100만원) + 재산세(200만원)
  = 700만원] = 순영업소득(6,500만원)
- 수익가격 = 순영업소득/환원이율 = 6,500만원/0.1 = 6억 5천만원

Theme 05 부동산공시제도

34 부동산 가격공시에 관한 법령상 부동산 가격공시제도에 관한 내용으로 틀린 것은? ▶제35회

① 표준주택으로 선정된 단독주택, 국세 또는 지방세 부과대상이 아닌 단독주택에 대하여는 개별주택가격을 결정·공시하지 아니할 수 있다.
② 표준주택가격은 국가·지방자치단체 등이 그 업무와 관련하여 개별주택가격을 산정하는 경우에 그 기준이 된다.
③ 개별주택가격 및 공동주택가격은 주택시장의 가격정보를 제공하고, 국가·지방자치단체 등이 과세 등의 업무와 관련하여 주택의 가격을 산정하는 경우에 그 기준으로 활용될 수 있다.
④ 개별주택가격에 이의가 있는 자는 그 결정·공시일부터 30일 이내에 서면(전자문서를 포함한다)으로 시장·군수 또는 구청장에게 이의를 신청할 수 있다.
⑤ 시장·군수 또는 구청장은 공시기준일 이후에 토지의 분할·합병이나 건축물의 신축 등이 발생한 경우에는 대통령령으로 정하는 날을 기준으로 하여 공동주택가격을 결정·공시하여야 한다.

해설 ⑤ 시장·군수 또는 구청장이 아닌 국토교통부장관이어야 맞는 지문이다.

Answers 33. ③ 34. ⑤

35. 부동산 가격공시에 관한 법령에 규정된 내용으로 틀린 것은? ▶제34회

① 표준지공시지가는 토지시장에 지가정보를 제공하고 일반적인 토지거래의 지표가 되며, 국가·지방자치단체등이 그 업무와 관련하여 지가를 산정하거나 감정평가법인등이 개별적으로 토지를 감정평가하는 경우에 기준이 된다.
② 국토교통부장관이 표준지공시지가를 조사·산정할 때에는 한국부동산원법에 따른 한국부동산원에게 이를 의뢰하여야 한다.
③ 표준지공시지가에 이의가 있는 자는 그 공시일부터 30일 이내에 서면(전자문서를 포함한다)으로 국토교통부장관에게 이의를 신청할 수 있다.
④ 시장·군수 또는 구청장이 개별공시지가를 결정·공시하는 경우에는 해당 토지와 유사한 이용가치를 지닌다고 인정되는 하나 또는 둘 이상의 표준지의 공시지가를 기준으로 토지가격비준표를 사용하여 지가를 산정하되, 해당 토지의 가격과 표준지공시지가가 균형을 유지하도록 하여야 한다.
⑤ 표준지로 선정된 토지에 대하여는 개별공시지가를 결정·공시하지 아니할 수 있다. 이 경우 표준지로 선정된 토지에 대하여는 해당 토지의 표준지공시지가를 개별공시지가로 본다.

해설 ② 둘 이상의 「감정평가 및 감정평가사에 관한 법률」에 따른 감정평가법인등에게 이를 의뢰하여야 한다(제3조 5항).

36. 부동산 가격공시에 관한 법령상 시장·군수 또는 구청장이 개별공시지가를 결정·공시하지 아니할 수 있는 토지를 모두 고른 것은? ▶제31회

㉠ 표준지로 선정된 토지
㉡ 농지보전부담금의 부과대상이 아닌 토지
㉢ 개발부담금의 부과대상이 아닌 토지
㉣ 도시·군계획시설로서 공원이 지정된 토지
㉤ 국세 부과대상이 아닌 토지(국공유지의 경우에는 공공용 토지에만 해당한다)

① ㉠, ㉢
② ㉡, ㉣, ㉤
③ ㉠, ㉡, ㉢, ㉤
④ ㉡, ㉢, ㉣, ㉤
⑤ ㉠, ㉡, ㉢, ㉣, ㉤

해설 개별공시지가를 발표하지 않아도 되는 경우
1. 표준지
2. 조세, 부담금의 부과대상이 아닌 토지

Answers 35. ② 36. ③

37 부동산 가격공시에 관한 법령에 규정된 내용으로 옳은 것은? ▶제33회

① 국토교통부장관이 표준지공시지가를 조사·평가할 때에는 반드시 둘 이상의 감정평가법인등에게 의뢰하여야 한다.
② 표준지공시지가의 공시에는 표준지의 지번, 표준지의 단위면적당 가격, 표준지의 면적 및 형상, 표준지 및 주변토지의 이용상황, 그 밖에 대통령령으로 정하는 사항이 포함되어야 한다.
③ 국토교통부장관은 표준주택에 대하여 매년 공시기준일 현재 적정가격을 조사·산정하고, 시·군·구 부동산가격공시위원회의 심의를 거쳐 이를 공시하여야 한다.
④ 국토교통부장관은 표준주택가격을 조사·산정하고자 할 때에는 감정평가법인 등 또는 한국부동산원에 의뢰한다.
⑤ 표준공동주택가격은 개별공동주택가격을 산정하는 경우에 그 기준이 된다.

> **해설** ② 「부동산 가격공시에 관한 법률」 제5조
> ① 반드시 복수의 감정평가법인등에게 의뢰하여야 할 필요는 없다.
> ③ 국토교통부장관은 표준주택에 대하여 매년 공시기준일 현재 적정가격을 조사·산정하고, 중앙부동산가격공시위원회의 심의를 거쳐 이를 공시하여야 한다(「부동산 가격공시에 관한 법률」 제16조 제1항).
> ④ 국토교통부장관은 표준주택가격을 조사·산정하고자 할 때에는 한국부동산원에 의뢰한다(「부동산 가격공시에 관한 법률」 제16조 제4항).
> ⑤ 표준단독주택가격은 개별단독주택가격을 산정하는 경우에 그 기준이 된다.

38 부동산 가격공시에 관한 법률에 규정된 내용으로 틀린 것은? ▶제32회

① 국토교통부장관은 표준주택가격을 조사·산정하고자 할 때에는 한국부동산원에 의뢰한다.
② 표준주택가격은 국가·지방자치단체 등이 그 업무와 관련하여 개별주택가격을 산정하는 경우에 그 기준이 된다.
③ 표준주택으로 선정된 단독주택, 그 밖에 대통령령으로 정하는 단독주택에 대하여는 개별주택가격을 결정·공시하지 아니할 수 있다.
④ 개별주택가격 및 공동주택가격은 주택시장의 가격정보를 제공하고, 국가·지방자치단체 등이 과세 등의 업무와 관련하여 주택의 가격을 산정하는 경우에 그 기준으로 활용될 수 있다.
⑤ 개별주택가격 및 공동주택가격에 이의가 있는 자는 그 결정·공시일부터 30일 이내에 서면(전자문서를 포함한다)으로 시장·군수 또는 구청장에게 이의를 신청할 수 있다.

> **해설** ⑤ 공동주택은 국토교통부장관에게 이의를 신청할 수 있다.

Answers 37. ② 38. ⑤

39 부동산 가격공시에 관한 법률에 규정된 내용으로 틀린 것은? ▶제30회

① 표준지공시지가에 이의가 있는 자는 그 공시일부터 30일 이내에 서면으로 국토교통부장관에게 이의를 신청할 수 있다.
② 표준지공시지가는 국가·지방자치단체 등이 그 업무와 관련하여 지가를 산정하거나 감정평가업자가 개별적으로 토지를 감정평가하는 경우에 기준이 된다.
③ 표준지로 선정된 토지에 대하여 개별공시지가를 결정·공시하여야 한다.
④ 시장·군수 또는 구청장은 공시기준일 이후에 분할·합병 등이 발생한 토지에 대하여는 대통령령으로 정하는 날을 기준으로 하여 개별공시지가를 결정·공시하여야 한다.
⑤ 개별공시지가에 이의가 있는 자는 그 결정·공시일부터 30일 이내에 서면으로 시장·군수 또는 구청장에게 이의를 신청할 수 있다.

> **해설** ③ 표준지로 선정된 토지에 대하여는 개별공시지가를 결정·공시하지 아니할 수 있다. 이 경우 표준지로 선정된 토지에 대하여는 당해 토지의 공시지가를 개별공시지가로 본다.

40 부동산 가격공시에 관한 법률상 표준지공시지가의 효력으로 옳은 것을 모두 고른 것은? ▶제29회

> ㉠ 토지시장에 지가정보를 제공
> ㉡ 일반적인 토지거래의 지표
> ㉢ 국가 지방자치단체 등이 과세 등의 업무와 관련하여 주택의 가격을 산정하는 경우에 기준
> ㉣ 감정평가업자가 지가변동률을 산정하는 경우에 기준

① ㉠, ㉡   ② ㉠, ㉣   ③ ㉡, ㉢
④ ㉠, ㉢, ㉣   ⑤ ㉠, ㉡, ㉢, ㉣

> **해설** ① 표준지공시지가의 효력을 바르게 설명한 것은 ㉠, ㉡이다.
> 부동산가격공시에 관한 법률 제9조(표준지공시지가의 효력) 표준지공시지가는 토지시장에 지가정보를 제공하고 일반적인 토지거래의 지표가 되며, 국가 지방자치단체 등이 그 업무와 관련하여 지가를 산정하거나 감정평가업자가 개별적으로 토지를 감정평가하는 경우에 기준이 된다.

Answers 39. ③   40. ①

41 부동산가격공시 및 감정평가에 관한 법령에 규정된 내용으로 옳은 것은? ▶제27회

① 개별공시지가에 대하여 이의가 있는 자는 개별공시지가의 결정·공시일부터 60일 이내에 이의를 신청할 수 있다.
② 국토교통부장관은 표준지의 가격을 산정한 때에는 그 타당성에 대하여 행정자치부장관의 검증을 받아야 한다.
③ 국토교통부장관은 일단의 공동주택 중에서 선정한 표준주택에 대하여 매년 공시기준일 현재의 적정가격을 조사·평가한다.
④ 시장·군수·구청장은 공시기준일 이후에 토지의 분할·합병이 발생한 경우에는 7월 1일 기준으로 하여 개별주택가격을 결정·공시하여야 한다.
⑤ 동 법령에 따라 공시한 공동주택가격은 주택시장의 가격정보를 제공하고, 국가·지방자치단체 등의 기관이 과세 등의 업무와 관련하여 주택의 가격을 산정하는 경우에 그 기준으로 활용될 수 있다.

> 해설 ① 개별공시지가에 대하여 이의가 있는 자는 개별공시지가의 결정·공시일부터 30일 이내에 이의를 신청할 수 있다.
> ② 국토교통부장관은 토지이용상황이나 주변 환경 그 밖의 자연·사회적 조건이 일반적으로 유사하다고 인정되는 일단의 토지 중에서 선정한 표준지에 대하여 매년 공시기준일 현재의 적정가격을 조사·평가하고, 중앙부동산가격공시위원회의 심의를 거쳐 이를 공시하여야 한다.
> ③ 국토교통부장관은 용도지역, 건물구조 등이 일반적으로 유사하다고 인정되는 일단의 단독주택 중에서 선정한 표준주택에 대하여 매년 공시기준일 현재의 적정가격을 조사·평가한다.
> ④ 시장·군수·구청장은 공시기준일 이후에 토지의 분할·합병이 발생한 경우에는 대통령령으로 정하는 날을 기준으로 하여 개별주택가격을 결정·공시하여야 한다.

Answers 41. ⑤

42 다음 자료를 활용하여 공시지가기준법으로 평가한 대상 토지의 가액(원/m²)은? (단, 주어진 조건에 한함) ▶제30회

- 소재지 등: A시 B구 C동 100, 일반상업지역, 상업용
- 기준시점: 2019. 10. 26.
- 표준지공시지가(A시 B구 C동, 2019. 01. 01.기준)

기호	소재지	용도지역	이용상황	공시지가(원/m²)
1	C동 90	일반공업지역	상업용	1,000,000
2	C동 110	일반상업지역	상업용	2,000,000

- 지가변동률(A시 B구, 2019. 01. 01.~2019. 10. 26)
  - 공업지역: 4% 상승
  - 상업지역: 5% 상승
- 지역요인: 표준지와 대상토지는 인근지역에 위치하여 지역요인은 동일함
- 개별요인: 대상토지는 표준지 기호 1, 2에 비해 각각 가로조건에서 10% 우세하고, 다른 조건은 동일함(상승식으로 계산할 것).
- 그 밖의 요인으로 보정할 사항 없음.

① 1,144,000 ② 1,155,000 ③ 2,100,000
④ 2,288,000 ⑤ 2,310,000

해설 표준지공시지가는 일반상업지역의 상업용 부동산 기호2를 선택하여 비교하여야 한다.
- 지가변동률을 이용한 시점
  수정 = 2,000,000원×(1+0.05) = 2,100,000원
- 개별요인 비교
  = 2,100,000원×(대상부동산/사례부동산 = 110/100)
  = 2,310,000원

Answers 42. ⑤

만화로 배우는 박문각 공인중개사

1차 부동산학개론

2025 전면개정판

초판 인쇄	2025년 2월 14일
초판 발행	2025년 2월 20일
편 저 자	손은환·강지운
그 림	김영란
발 행 인	박 용
발 행 처	(주)박문각출판
등 록	2015. 4. 29. 제2019-000137호
주 소	(06654) 서울시 서초구 효령로 283 서경 B/D 4층
전 화	교재 주문 (02) 6466-7202
팩 스	(02) 584-2927

저자와의 협의하에 인지생략

이 책의 무단 전재 또는 복제 행위는 금합니다.

정가 24,000원   ISBN 979-11-7262-595-5